만들고 싶은 미니어처 돌 하우스

만들고 싶은 미니어처 돌 하우스

지은이 김아름 · 김기정
펴낸이 임상진
펴낸곳 (주)넥서스

초판 1쇄 발행 2017년 10월 25일
초판 2쇄 발행 2017년 10월 30일

출판신고 1992년 4월 3일 제311-2002-2호
주소 10880 경기도 파주시 지목로 5
전화 (02)330-5500 팩스 (02)330-5555

ISBN 979-11-6165-139-2 13630

저자와 출판사의 허락 없이 내용의 일부를
인용하거나 발췌하는 것을 금합니다.

가격은 뒤표지에 있습니다.
잘못 만들어진 책은 구입처에서 바꾸어 드립니다.

www.nexusbook.com
큐리어스는 넥서스의 일반 단행본 브랜드입니다.

나를 위한 시간

돌 까또나주로 꾸미는 인형 룸 박스·가구·소품

만들고 싶은 미니어처 돌 하우스

김아름·김기정 지음

나만의 돌 하우스를 만들어 보세요

어렵게만 느껴졌던 돌 하우스,
쓰지 않는 상자를 활용해 손쉽게 만들 수도 있고
내가 원하는 모양과 크기로 자르고 붙여
뚝딱뚝딱 만든 상자로 꾸밀 수도 있어요.

내 인형에 어울리는 패턴 종이나 원단을 재단해
상자를 감싸고, 내 손으로 만든 소품까지 더하면…

그림 같은 공간이 탄생하죠.

곰손도 괜찮아요
까또나주는 다른 공예보다 섬세함을 요구하지 않아요.
아주 간단한 몇 가지 기본 형태만 몇 번 만들어 보면
누구나 예쁜 까또나주를 만들 수 있어요.

똑같이 만들려고 애쓰지 마요
같은 사람이 같은 도안과 재료로 만들어도
똑같은 작품이란 건 나올 수 없답니다.
디자인을 참고해 나만의 작품을 만들어 보세요.

마음이 지친 날,
나만의 공간이 주는 따뜻한 시간을 선물하세요
공예가 처음인 사람도 쉽게 만들 수 있는,
돌 까또나주의 세계로 초대합니다.

Prologue

까또나주 Cartonnage는 아직 국내에 많이 알려져 있지 않지만 이탈리아, 프랑스를 비롯한 유럽에서 오래전부터 자유로움과 다양함을 추구하는 여성들이 즐겨 하던 공예예요. 공예쟁이인 저희 두 여자는 태팅, 손바느질, 비즈 등 여러 공예를 전전하던 차에 우연히 유럽에서 그 매력을 알게 되어 아직 끝을 모르는 매력 속에 빠져 살고 있답니다.

국내에서는 정확한 테크닉과 독창적인 디자인을 배우기가 어려워 일본의 히루카 치하루 Hirooka Chiharu 선생님, 프랑스의 도미니크 오가뉴 Dominique Augagneur 선생님을 직접 찾아가 짧은 영어와 일본어를 동원해 가르침을 받았답니다. 까또나주는 정해진 기술이 중요한 게 아니라 나만의 작품 세계를 만들어 가는 것이 중요해요. 그러기 위해서는 천천히, 실수와 실패 속에서 배워 나가는 것이라고 선생님 두 분이 공통으로 말씀하셨습니다. 까또나주를 사랑하는 마음이 국경까지 넘나들며 서로의 작품이 발전해 나갈 수 있도록 격려하며 교류하는, 소중한 인연을 만들어 주었습니다.

까또나주는 기본 테크닉만 조금 배워도 자유자재로 원하는 모양을 디자인할 수 있고 원단, 종이 등 수 많은 재료로 나만의 독창적인 작품을 만들 수 있는 공예예요. 국내에서는 지속해서 작품을 만들며 자신만의 작품 세계를 만들어 가는 작가가 많지 않습니다. 또한 까또나주를 생활 소품에 활용하는 작품을 디자인하는 작가는 많지만 인형과 접목해 사랑하는 나의 작은 아가들을 위한 공간으로 만드는 작가는 손에 꼽히지 않을까 싶습니다.

인형의 세계도 까또나주만큼 창의성과 다양성의 폭이 넓은 분야입니다. 인형과 까또나주를 융합하여 남들이 가지 않은 길을 만들어 간다는 자부심으로 새로운 디자인 개발에 골몰하고 있답니다. 돌 까또나주는 같은 디자인으로 만들더라도 같은 작품이 두 번 만들어지지 않습니다.

사랑하는 작은 아가들에게 예쁜 집과 소품을 직접 만들어 주고 싶어하는 인형 마니아들이 많았습니다. 하지만 도안 디자인부터 패턴과 재료 선택 등 국내에서 아직은 생소한 돌 까또나주. 처음부터 혼자서 해야 한다는 부담감에 시작할 엄두조차 내지 못하는 인형 마니아들에게, 저희가 디자인한 도안에 다양한 재료를 활용해서 돌 까또나주를 차근차근 배워 나갔으면 하는 마음에 책을 쓰게 되었습니다.

예쁜 아가들에게 자기만의 공간을 만들어 주고 싶다면,
한 번 , 도 전 해 보 세 요 !

Contents

008 프롤로그

책 속 부록
160 까또나주 재료 어디서 살까?
161 온라인에서 공예품 판매하기
163 전체 수록 작품 사이즈 · 난이도

까또나주와 만나 보세요

LESSON 1 기본 도구와 재료 알아보기
014 기본 도구
018 기본 재료
020 장식용 부재료

LESSON 2 기본 형태 만들기
022 사각 상자
026 원형 상자
031 다각 상자

PART 1 동화 속 작은 마을 Fairy Tale Village

달콤한 나의 집 MY SWEET HOME
038 **01** 인형의 집
043 **02** 침대
046 **03** 책장
050 **04** 피크닉 가방
055 **05** 마카롱 상자
058 **06** 3단 마카롱 케이크
062 **07** 보물 상자
066 **08** 강아지 집
069 **09** 핸드 캐리어

073 *Column 1* 아토마루 작가의 사랑이 필요한 도란도란

PART 2
아름다운 날들
Beautiful Days

PART 3
그녀의 작은 정원
Little Garden

드레스룸 DRESS ROOM

- 078 01 룸 박스
- 082 Column 2 프리저브드 아마란스 공방 쁘띠돌리가든
- 083 02 화장대
- 088 Column 3 미니어처 소품 어디서 살까?
- 089 03 스툴
- 092 04 액세서리 수납장
- 097 05 수납 스툴
- 102 06 옷장
- 106 07 원형 핸드백
- 110 08 카노티에
- 113 09 모자 케이스
- 114 10 슈즈 박스
- 117 11 슈즈 컬렉션
- 121 Column 4 마리로제 작가의 슈니봉봉

플라워 숍 FLOWER SHOP

- 126 01 아리의 꽃집
- 131 02 장식장
- 136 03 도어형 장식장
- 141 04 리본 걸이
- 144 05 테이블
- 147 Column 5 커피 향 가득한 카페 만들기
- 148 06 계단식 화단
- 147 Column 6 프리저브드 플라워
- 152 07 꽃 수레
- 154 08 화분
- 156 09 꽃 상자
- 157 Column 7 쁘띠치카 작가의 슈가캔디 & 당근
- 158 Column 8 이브리 작가의 쿠쿠 & 클라라

까또나주와 만나 보세요

지금부터 까또나주를 만들 때 필요한 도구를 알아보고,
기본 형태의 상자를 만들어 보면서
까또나주와 친해지는 시간을 가질 거예요.
조급해하지 말고 천천히 따라오세요.

LESSON 1
기본 도구와 재료 알아보기

기본 도구 까또나주는 다른 공예에 비해 많은 재료를 필요로 하지 않아요.
누구나 있는 가위, 칼, 원단 등 주변에서 쉽게 구할 수 있는 재료로 시작할 수 있답니다.

① 커터칼 ④ 자 ⑦ 스펀지 ⑩ 폴더 ⑬ 핀셋
② 가위 ⑤ 물테이프 ⑧ 붓 ⑪ 더블 클립 ⑭ 물티슈
③ 핑킹가위 ⑥ 본드 ⑨ 모델러 ⑫ 스프레이

커터칼 사용법

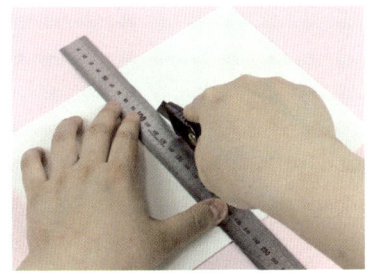

커터칼
판지를 자르는데 사용하는, 까또나주에서 가장 많이 사용하는 도구예요.

Tip 커터칼은 자와 직각이 되게 하여 가슴 방향으로 당겨요. 자칫 손을 다칠 수 있으니 안전에 유의해요!

가위 사용법

가위
주로 원단을 자를 때 사용하는데 모서리까지 잘 잘리는 끝이 뾰족한 가위가 좋아요.

Tip 모서리는 종이 두께만큼 띄워 두고 잘라요.

핑킹가위 사용법

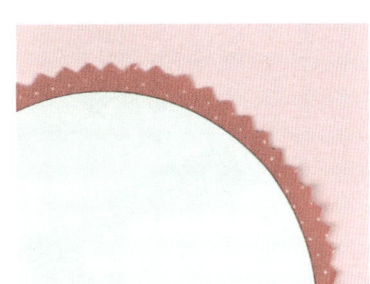

핑킹가위
둥근 모양의 상자에 원단이나 물테이프를 붙일 때는 시접이 겹쳐 단단히 붙히기가 어려워요. 시접을 지그재그로 자르면 겹치는 것을 방지할 수 있어요. 이때 핑킹가위를 사용하면 편리해요.

Tip 핑킹가위가 없다면 일반 가위로 시접을 세모로 잘라도 돼요.

자 사용법

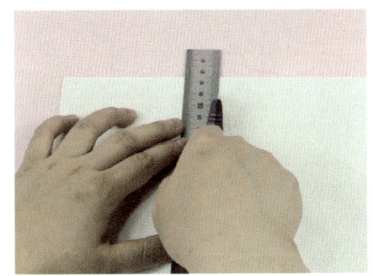

자
커터칼을 사용하기 때문에 쇠로된 자가 필요해요. 쇠자는 자를 때 판지를 눌러 주어 움직이지 않게 고정하는 역할도 한답니다.

Tip 작은 판지를 자를 때는 짧은 자가, 큰 판지를 자를 때는 긴 자가 사용하기 편리해요. 15cm와 30cm 자를 준비하면 좋아요.

물테이프 사용법

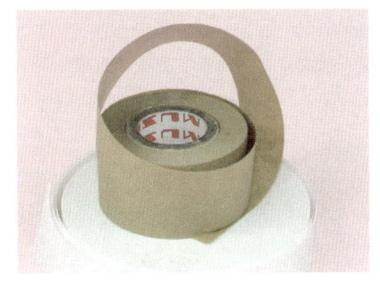

물테이프
판지를 튼튼하게 연결해 주는 도구예요. 우표처럼 물을 묻히면 접착력이 생기는데 만약 물테이프가 없다면 A4 용지를 잘라 본드를 묻혀 사용해도 좋아요.

Tip 물테이프는 지그재그로 접어서 잘라 사용해요.

본드

본드는 원단에 스며들지 않으면서도 적당한 발림성이 있는 농도의 원단용 본드를 사용하는 것이 좋아요. 전용 본드를 구하기 어렵다면 가까운 문구점에서 목공용 본드를 구입해 사용해도 좋아요.

Tip 서서히 떨어지는 정도의 농도가 좋아요.

본드 사용법

스펀지

물테이프에 물을 묻힐 때 사용하는 도구예요. 통에 물과 함께 담아 사용해요.

Tip 물테이프를 스펀지 위에 올려 살짝 누르며 당겨요.

스펀지 사용법

붓

본드를 바를 때 사용해요. 모서리까지 꼼꼼하게 바를 수 있고, 넓은 면에 바르기 편한 평붓이 좋아요.

Tip 본드는 붓 끝에 살짝 묻혀서 사용한답니다.

붓 사용법

모델러

상자 모서리에 원단이나 종이를 붙일 때 사용하면 깔끔하게 붙일 수 있어요.

Tip 모델러를 세워서 모서리에 물테이프나 원단을 밀착시켜요.

모델러 사용법

폴더

판지에 종이나 원단을 붙일 때 폴더를 사용하면 고르게 만들 수 있어요.

Tip 너무 힘을 주면 원단이 밀릴 수 있으니, 힘 조절에 유의해요!

폴더 사용법

집게 사용법

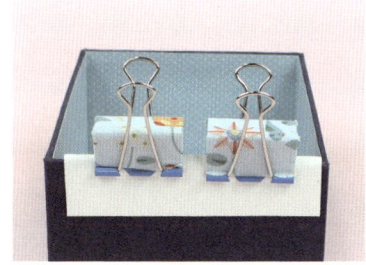

더블 클립
판지에 내지(원단이나 종이)가 잘 붙도록 고정할 때 사용해요.

Tip 상자에 자국이 생기지 않게 종이를 접어 댄 후 고정하면 좋아요.

스프레이 사용법

스프레이
두꺼운 판지에 물을 뿌리면 부드러워져 곡선 처리가 쉬워져요. 원단을 잘못 붙였을 때도 물을 뿌려 수정할 수 있어요.

Tip 거리를 두고 뿌려야 물이 뭉치지 않고 고르게 묻어요.

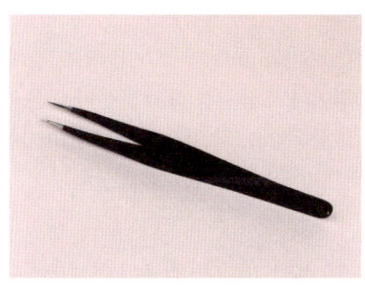

핀셋
인형을 위한 작은 상자를 만들기 때문에 손이 안 들어가는 부분을 작업할 때 꼭 필요한 도구예요.

물티슈
작품을 만들다 보면 본드와 먼지가 많이 달라 붙어요. 그때, 물티슈로 닦으며 작업하면 쌀끔하게 작업할 수 있어요. 꼭 챙겨 두세요.

| 기본 재료 | 돌 까또나주의 기본 재료는 종이와 원단이지만 같은 상자라도 종이나 원단의 질감, 패턴에 따라 전혀 다른 작품이 돼요. 완성했을 때의 조화를 생각하며 기본 재료를 선택해요. |

| 판지,
켄트지 | 판지는 작품의 크기나 형태에 따라 0.5~2.5mm 두께로 사용해요. 집처럼 큰 작품은 2.5mm를 사용해 튼튼하게 만들고, 가방이나 소품처럼 작고 곡선이 많은 작품은 0.5mm 판지를 사용하죠. 켄트지는 주로 내지로 사용해요. 각 작품의 재료에 표기한 판지와 켄트지 수량은 4절 기준이에요. 실수할 것을 대비해 넉넉히 준비해요. |

| 원단 | 상자의 겉과 속을 장식할 때 사용해요. 면, 실크, 리넨 등 작품의 콘셉트에 따라 원단을 선택해 보세요. 창의력을 발휘하여 만드는 것이 까또나주의 매력인데, 원단을 고르고 조합하는 것도 그중 하나예요. 원단과 종이는 시접을 감안해 판지 면적의 1.5배 정도로 준비해요. |

파스텔 리넨 옐로 옥스포드 그레이 리넨 도트 코튼

워싱 리넨 체크 코튼 파스텔 리넨 플라워 코튼

| 아가일 코튼 | 보타니컬 코튼 | 페이즐리 코튼 | 일러스트 커트지 |

그림 종이

원단 다음으로 많이 사용해요. 최근에는 유명 패턴 디자이너들이 종이까지 생산하고 있어 화려하고 아름다운 종이가 많아요. 인터넷 쇼핑몰 등에서 수입 종이를 쉽게 구할 수 있답니다.

| 디자이너 패턴 | 블랙 패턴 | 컬러 패턴 | 플라워 패턴 |

특수 종이

일반 종이 외에도 가죽 느낌이 나는 종이, 장인의 그림이 담긴 마블링 종이, 샤모아 느낌의 종이를 쓰면 작품의 완성도를 높일 수 있어요. 국내에도 특수 종이를 생산하는 기업이 있어 생각보다 쉽게 구할 수 있답니다.

| 가죽 종이 | 샤모아 | 북커버지 |

장식용 부재료

같은 도안의 작품이라도 장식에 따라 완전히 다른 느낌으로 만들 수 있어요. 작은 부재료라도 작품의 분위기를 좌우하니, 어떤 재료가 있는지 한번 알아 봐요.

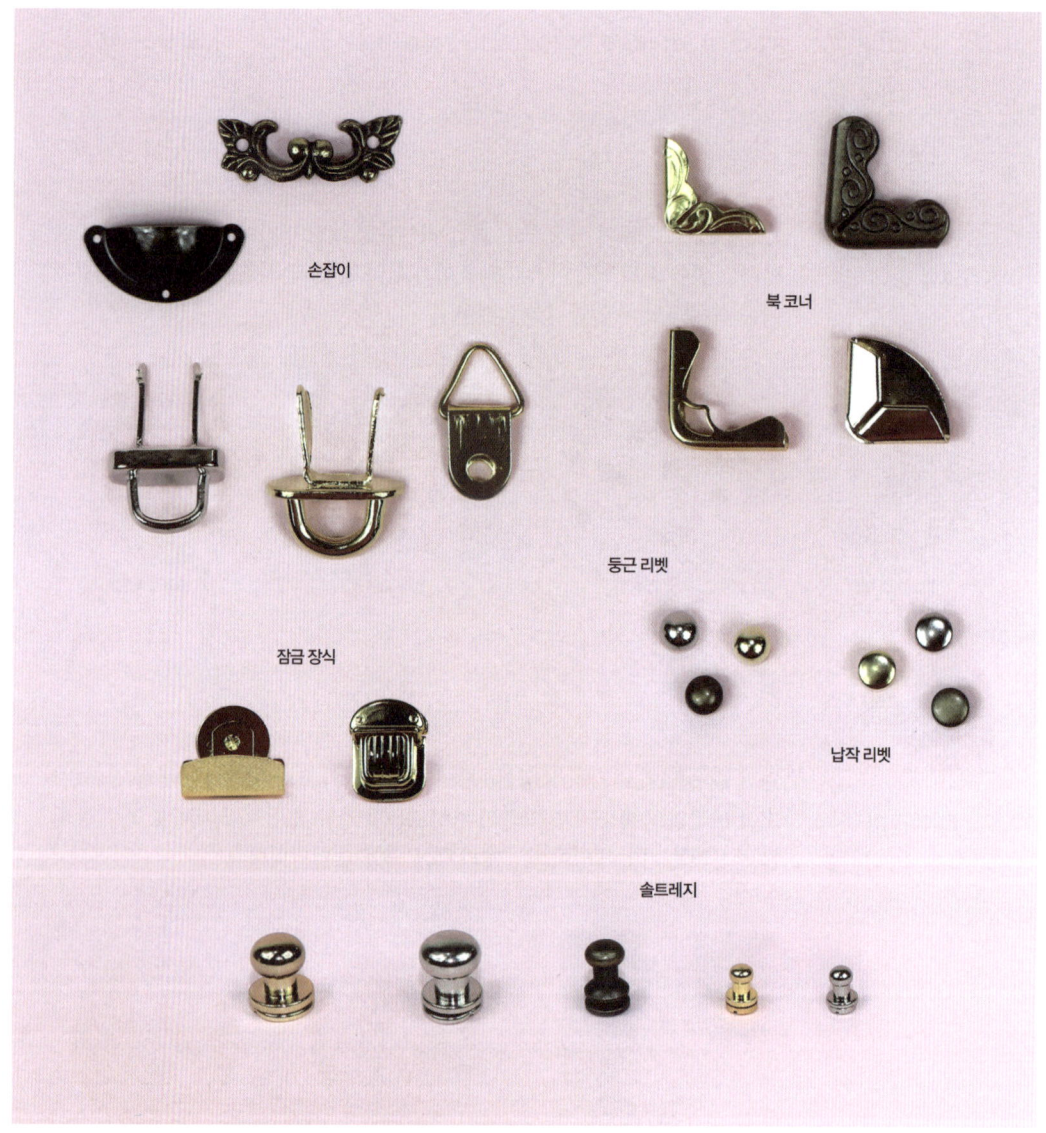

손잡이, 북 코너, 잠금 장식, 솔트레지

가죽공예에서 많이 사용되는 금속을 활용하여 손잡이, 장식을 다양한 색상과 사이즈로 꾸밀 수 있어요.

금속 다리

금속 다리는 손쉽게 구할 수 있으면서 작품에 고급스러움을 더하는 장식입니다. 일반 본드로는 부착이 어렵기 때문에 순간접착제를 사용해야 해요.

기타 장식

거울, 기타 금속 장식뿐만 아니라 길가의 돌맹이, 해변의 조개 등 다양한 재료들이 작품에 응용될 수 있습니다. 창의적인 장식들로 세상에 하나뿐인 나만의 작품을 만들어 보세요.

LESSON 2
기본 형태 만들기

까또나주 기본 형태를 몇 가지 만들다 보면 이런 저런 아이디어가 떠오를 거예요.
기본 형태에 나만의 아이디어를 더하면 끝도 없이 새로운 디자인의 작품을 만들 수 있어요.
재료 준비 다음으로 해야 할 일은 도안에 맞춰 판지를 잘라 두는 일이에요.
크기와 수량을 잘 체크하고 판지를 준비해 기본 상자부터 만들어 봐요.

사각 상자
준비물 2mm 판지 1장, 켄트지 1장, 원단

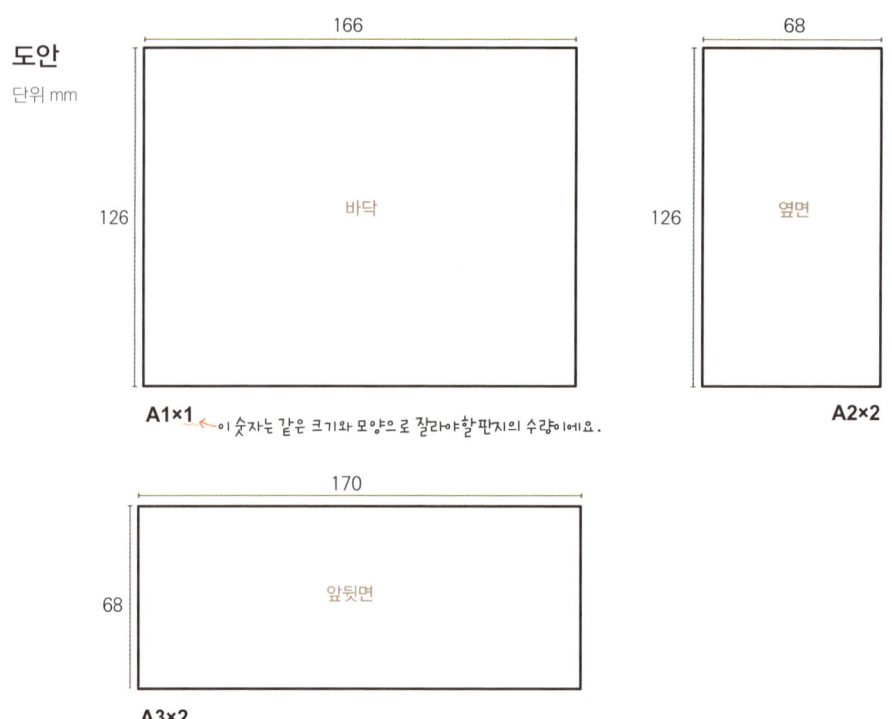

도안 단위 mm

- 바닥 166 × 126 A1×1 ← 이 숫자는 같은 크기와 모양으로 잘라야할 판지의 수량이에요.
- 옆면 68 × 126 A2×2
- 앞뒷면 170 × 68 A3×2

※ 이 책에 수록된 도안은 실물 크기가 아니에요. 실제 크기는 도안에 표기한 숫자를 확인하세요.
측정 단위는 모두 'mm'랍니다.

사각 상자 만들기

1

바닥 A1 판지 모서리에 본드를 발라 옆면 A2 판지를 붙여요.

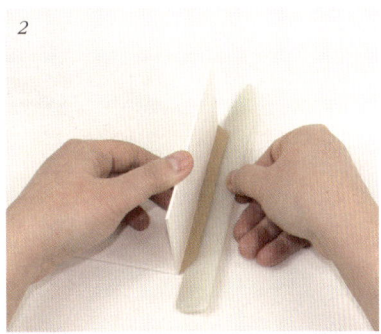

2

바깥쪽에 물테이프를 붙인 뒤 폴더로 접어 붙여요.

3

안쪽에 물테이프를 붙이고 모델러로 물테이프를 모서리에 밀착시켜 붙여요. 이렇게 앞뒷면 A3 판지도 모두 붙여요.

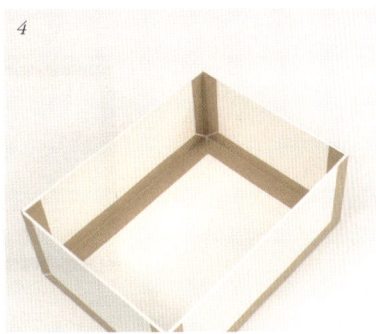

4

물테이프는 끝부분을 사선(45도)으로 잘라 서로 겹치지 않게 붙여요.

5

원단 시접을 1cm 정도 접어서 상자에 붙여요.

6

옆면에 원단을 모두 붙이고, 마지막 시접도 1cm 접어서 모서리에 맞춰 붙여요.

7

상자 바깥 바닥의 시접은 붙였을 때 겹치지 않게 사선으로 잘라요.

8

바깥 바닥 시접을 모두 상자에 붙여요.

9

바닥 사이즈로 자른 켄트지를 원단에 붙이고 모든 시접을 접어 붙여요.

10

바깥 바닥에 ⑨를 붙여요. 바깥 바닥에는 원단 대신 가죽 종이나 일반 종이를 붙여도 좋아요.

11

모서리 시접을 자르고 가운데 시접을 먼저 붙인 뒤에 양쪽 시접을 접어 붙여요. 설명이 어렵다면 동영상을 참고해 봐요.

12

켄트지를 상자 옆면에 맞춰 잘라요. 판지보다 2~4mm 정도 작게 자르면 돼요.

13

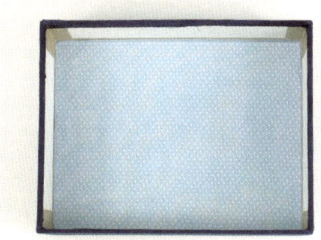

켄트지를 바닥에 맞춰 잘라 원단에 붙여요. 시접 모서리를 사선으로 자른 뒤에 상자 바닥에 붙여요. 이때 시접은 상자 옆면에 붙여요.

14

옆면에 맞춰 자른 켄트지를 원단에 붙이고 모서리의 시접을 사선으로 자른 뒤 위아래 시접을 접어 붙여요.

15

상자의 옆면에 ⑭를 붙이고 시접은 상자에 접어 붙여요. 내지는 마주 보는 면을 먼저 붙여요.

16

내지가 상자에 잘 붙도록 더블 클립으로 고정해요.

17

켄트지를 상자 앞뒷면에 맞춰 잘라요. 켄트지에 원단을 붙이고 시접 모서리를 사선으로 잘라 모두 접어 붙여요.

18

⑰을 모두 붙이면 상자가 완성돼요.

원형 상자
준비물 2mm 판지 1장, 1mm 판지 1장, 켄트지 1장, 원단

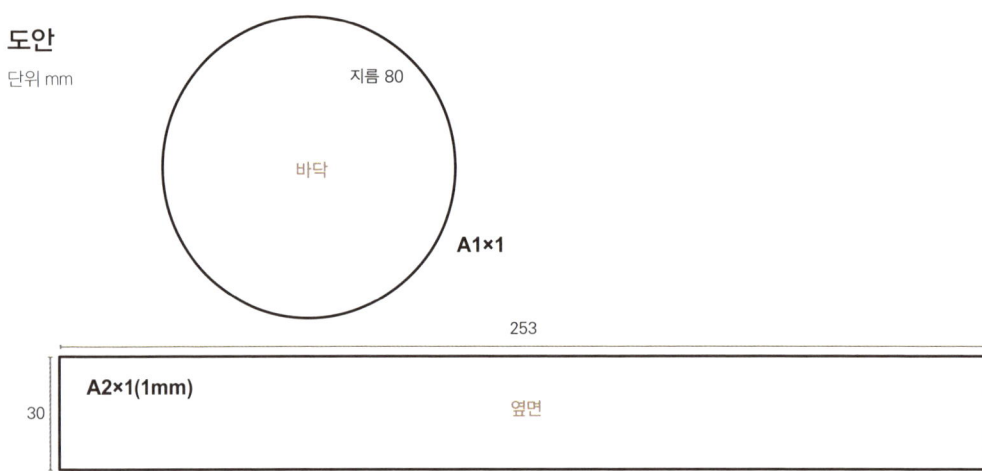

도안
단위 mm

지름 80
바닥
A1×1

253
A2×1(1mm)
30
옆면

1. 옆면 A2 판지에 스프레이로 물을 뿌려 판지가 잘 휘어지도록 준비해요.

2. 바닥 A1 판지에 ①의 판지를 둘러 사이즈를 맞춰요.

3. 옆면을 원형으로 만들어 물테이프로 고정해요.

4. ③에 바닥 A1을 끼워 붙인 뒤 물테이프를 잘라 상자 안쪽에 붙여요. 모델러로 눌러가며 물테이프를 밀착시켜요.

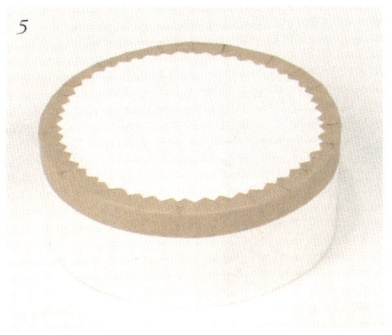

바깥쪽에도 물테이프를 붙여 상자를 튼튼하게 만들어요. 바닥에 붙이는 끝부분은 핑킹가위로 잘라 겹치는 걸 방지해요.

 **How to** **원단 붙이는 방법**

원형 상자에 원단을 붙이는 방법은 두 가지가 있어요.
완성된 모양과 과정이 편한 방법을 선택해 상자를 완성해요.

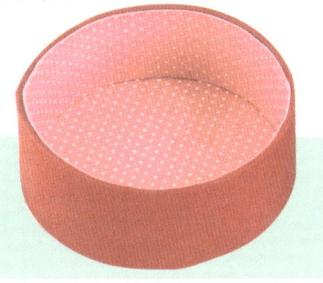

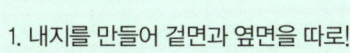
1. 내지를 만들어 겉면과 옆면을 따로!

원형 상자 만들기 1

상자 옆면에 원단을 당겨 가며 붙여요. 마지막 시접 1cm은 접어 붙여요.

원형은 붙일 때 시접이 겹치니 핑킹가위로 위아래 시접을 잘라요. 핑킹가위가 없다면 시접을 톱니 모양으로 자르면 돼요.

3

바깥쪽 시접은 모델러로 겹치는 부분을 눌러 상자에 밀착시켜요.

4

위쪽 시접은 접어서 상자 안쪽에 붙여요.

5

바깥 바닥에 맞춰 자른 켄트지를 원단에 붙여 시접은 핑킹가위로 자른 뒤 접어 붙여요.

6

⑤를 상자에 붙여요.

7

켄트지를 안쪽 바닥에 맞춰 잘라 원단을 붙여요. 핑킹가위로 시접을 자른 뒤 상자 안쪽 바닥에 붙인 뒤 시접은 상자 옆면에 붙여요.

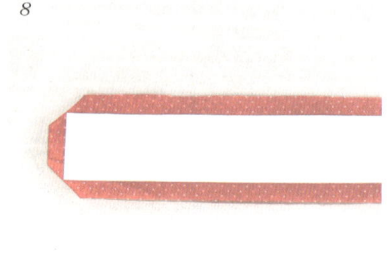

8

켄트지를 안쪽 옆면에 맞춰 잘라 원단을 붙이고 모서리는 사선으로 잘라요.

9

한쪽 옆면 시접만 남기고 다른 시접은 모두 접어 붙여요.

⑨에 남겨 둔 시접을 먼저 상자에 붙여주시고, 남은 내지를 상자 안쪽 옆면에 붙여요.

2. 겉면과 옆면을 한 번에!

원형 상자 만들기 2

1

원단을 옆면의 2.5배 높이로 재단해 붙여요. 시접의 마지막은 1cm 정도 접어서 붙여요.

2

시접은 핑킹가위로 잘라요.

029

원단을 접어 시접 길이를 맞춰요.

마지막에 접어 붙이는 시접을 주의해 안쪽 옆면에 원단을 붙여요. 주름이 생기지 않도록 살짝 당겨 가며 붙여요.

상자 안쪽 바닥이 들뜨지 않도록 꼼꼼하게 남은 시접을 붙여요.

켄트지를 바깥 바닥에 맞춰 잘라 원단을 붙이고 시접은 핑킹가위로 자른 뒤에 접어 붙여요.

바깥 바닥에 ⑥을 붙여요. 바닥지는 가죽 종이나 빳빳한 종이를 사용해도 좋아요.

켄트지를 상자 바닥에 맞춰 잘라 원단을 붙여요. 시접을 핑킹가위로 자른 뒤 접어 붙인 뒤 안쪽 바닥에 붙이면 완성이에요.

다각 상자

준비물 2mm 판지 1장, 켄트지 1장, 원단

도안
단위 mm

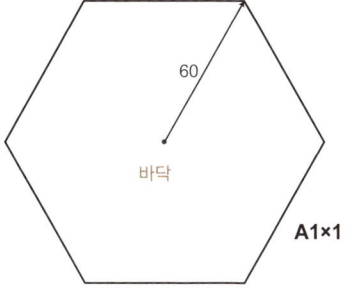

바닥
A1×1
60

A2×1
45
360
60
옆면

다각 상자 만들기

1

옆면 A2 판지에 간격을 맞춰 1mm 깊이의 칼선을 넣어요.

2

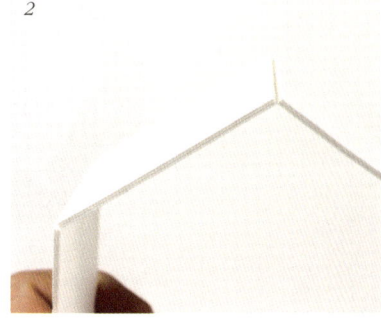

판지 두께의 50% 깊이로 자르는 것을 '반 칼'이라고 해요. 이때 칼선 깊이가 일정해야 모양이 예쁘게 잡혀요.

3

바닥 A1 판지에 ②의 옆면을 본드로 붙여요.

4

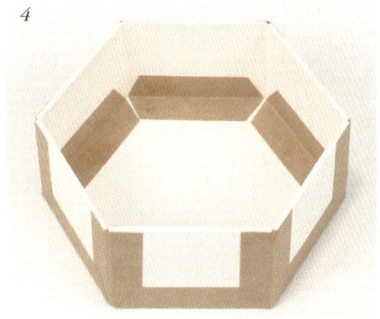

안팎의 바닥과 바깥쪽 모서리에 물테이프를 붙여요.

옆면에 원단을 붙여요. 위쪽 모서리 부분 원단을 직선으로 잘라요.

시접은 접어서 상자 안쪽에 붙여요.

바닥 면 시접은 겹치지 않게 모서리를 V 모양으로 자른 뒤 상자에 붙여요.

켄트지를 바닥에 맞춰 잘라 원단을 붙이고 시접은 접어 붙인 뒤 바깥 바닥에 붙여요.

켄트지를 상자 바닥에 맞춰 자른 뒤 원단을 붙이고 모서리 시접을 V모양으로 잘라요.

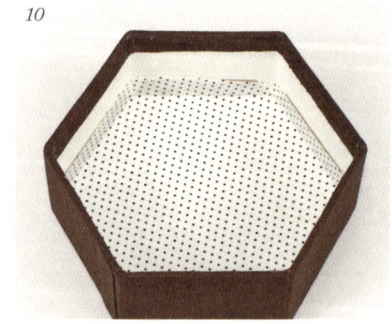

⑨를 상자 안쪽 바닥에 붙이고 시접은 상자 옆면에 붙여요.

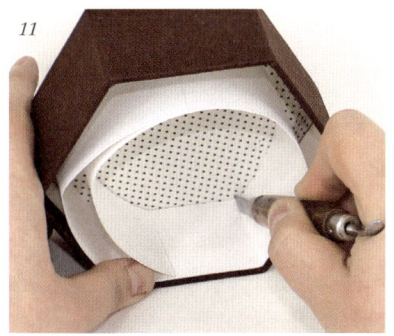

켄트지를 안쪽 옆면에 맞춰 잘라요. 상자에 넣어 모서리를 모델러로 눌러 모서리를 잡아요.

⑪에 원단을 붙여 모서리 시접은 사선으로 잘라요. 짧은 한쪽 시접만 남기고 모두 붙여요.

⑩의 안쪽 옆면에 ⑪을 남겨 둔 시접이 있는 쪽부터 붙여요. 모델러로 모서리를 눌러 가며 밀착시켜요.

겉면을 싼 원단이 일정하게 보이도록 안쪽 옆면의 높이에 주의해 붙여요.

PART 1

동화 속 작은 마을
Fairy tale village

달콤한 나의 집
MY SWEET HOME

우리 아가가 예쁜 꿈을 꿀 수 있는 포근한 침실과
아지트로 사용할 다락방까지 프린세스풍으로 꾸민 복층 구조의 집이에요.
플라워 패턴으로 로맨틱함을 더했어요.

1. 손뜨개로 작은 인형을 만들어 침대 위에 살포시 얹어 보세요. 포근함이 더해져요.
2. 폼보드를 원하는 글자로 잘라 인테리어 소품으로 활용해 보세요.
3. 나무 막대를 잘라 사다리를 만들어 두는 것만으로도 멋진 이층집이 완성돼요.
4. 나무 막대와 원단으로 작은 인디언 텐트를 만들어 우리 아가만을 위한 공간을 만들어요.
5. 미니어처 나무는 디자인 소품점에서 쉽게 구할 수 있어요. 집 주변에 놓아 두면 자연 속 작은 이층집을 만들 수 있어요.
6. 레터링 패턴지를 둘둘 말아 끈으로 묶어 보물섬 지도를 만들어요. 작은 유리병에 비즈나 작은 꽃을 넣은 소품을 만들어 보물상지에 채워 보세요.

집과 소품을 만들 때 비슷한 컬러로 톤을 맞추면 조화로운 분위기를 연출할 수 있어요

 인형의 집
DOLL HOUSE

상자와 뚜껑이 잘 맞아야 예쁜 집이 완성돼요.

난이도 고급

준비물 2.5mm 판지 4장, 켄트지 4장, 원단, 투명 아크릴, 잠금 장식 1쌍

● 상자

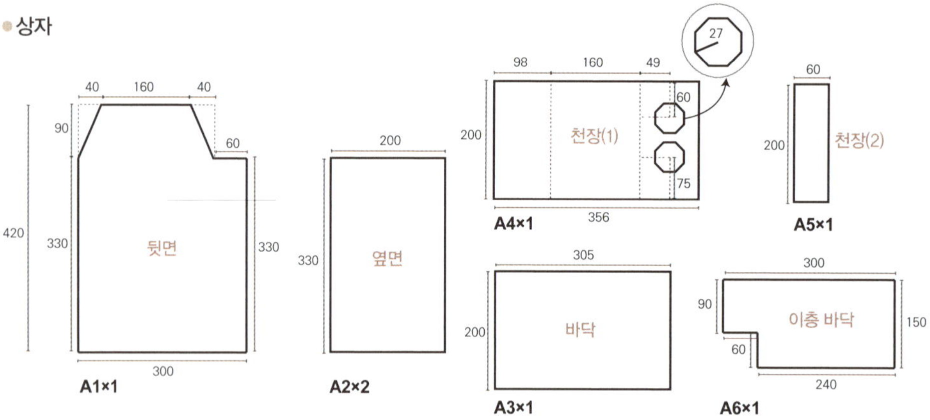

A1×1 뒷면 — 420 × 300, 90, 40, 160, 40, 60, 330, 330
A2×2 옆면 — 330 × 200
A3×1 바닥 — 200 × 305
A4×1 천장(1) — 200 × 356, 98, 160, 49, 60, 75, 27
A5×1 천장(2) — 200 × 60
A6×1 이층 바닥 — 150 × 300, 90, 60, 240

● 뚜껑

B1×1 앞면 — 427 × 309, 94, 40, 167, 40, 90, 62, 333, 337
B2×1 옆면(1) — 333 × 30
B3×1 옆면(2) — 337 × 30
B4×1 천장(1) — 367 × 30, 102, 167, 98
B5×1 천장(2) — 62 × 30

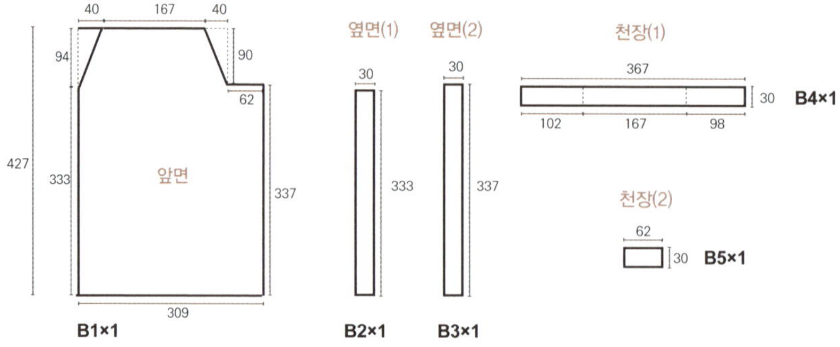

뒷면 A1, 옆면 A2, 바닥 A3 순으로 판지를 붙이고 천장(1) A4 판지는 창문을 내어 붙여요. 마지막으로 천장(2) A5를 붙여 상자를 완성해요.

이층 바닥 A6 판지를 이층이 될 부분에 붙여요.

옆면과 천장, 바닥에 원단을 붙여요. 바닥 시접만 남겨 두고 나머지 시접은 모두 접어서 붙여요.

창문 부분 원단에 가위집을 낸 뒤에 모두 안쪽으로 붙여요.

켄트지를 뒷면에 맞춰 잘라 원단을 붙여요. 시접은 모두 접어 붙이고 상자 바깥 뒷면에 붙여요.

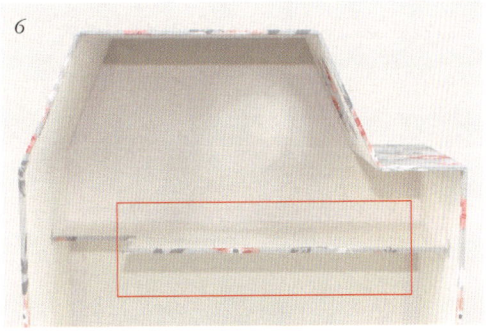

이층 바닥 앞부분에 원단을 붙여요.

7

켄트지를 이층 바닥에 맞춰 잘라 원단을 붙여 이층 바닥 아랫면에 붙여요.

8

켄트지를 이층 바닥에 맞춰 잘라 원단을 붙여 이층 바닥 윗면에 붙여요(마루 패턴의 종이도 좋아요).

9

천장과 바닥을 제외한 안쪽 면에 원단을 붙여요.

10

앞면 B1, 옆면(1) B2, 옆면(2) B3, 천장(1) B4, 천장(2) B5 순으로 판지를 붙여 뚜껑을 만들어요.

11

⑩의 뚜껑 앞면에 원단을 붙이고 시접은 모두 접어 붙여요.

12

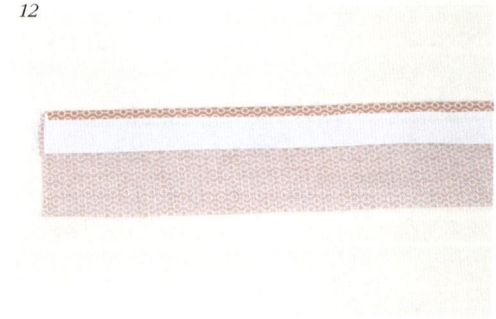

켄트지를 뚜껑 옆면에 맞춰 잘라 원단을 붙인 후 사진처럼 한쪽 시접을 접어 붙여요.

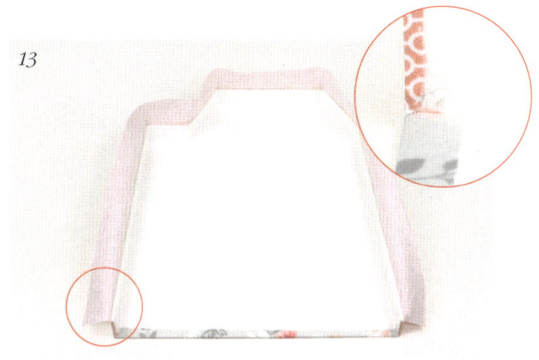

⑫를 뚜껑 옆면에 붙여요. 이때 높이가 일정하게 되도록 붙이는 게 중요해요.

테두리의 시접을 안쪽으로 접어서 붙여요.

③에 남겨 두었던 바닥 시접을 ⑭에 만들어 둔 뚜껑 안쪽에 붙여 상자와 뚜껑을 연결해요.

원단을 한번 덧대어 붙여요.

상자 안쪽 바닥과 뚜껑 안쪽에 원단을 붙여요. 원단 패턴에 따라 다양한 분위기를 연출할 수 있어요.

뚜껑 위쪽에 금속 잠금 장식을 붙여요.

인형의 집

상자에도 뚜껑의 잠금 장식 위치에 맞추어 잠금 장식을 붙여요.

켄트지를 넣어 창문 모양을 맞춰 그린 후 잘라 두어요.

창문 안쪽에 아크릴을 붙여 유리창을 표현해요.

⑳에 준비해 둔 켄트지를 원단에 붙이고 시접을 정리한 뒤 천장에 붙여요.

근사한 이층 집이 완성되었어요.
인형의 집에 어울리는 작은 소품을 만들어 꾸며 봐요.

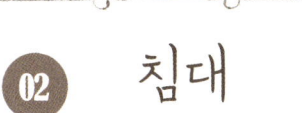

침대
BED

침대 매트리스는 밀도가 높은 스펀지를 사용해 만드는 것이 좋아요. 그래야 평평하고 예쁘게 완성돼요.

난이도 초급
준비물 2mm 판지 1장, 켄트지 1장, 원단, 30mm 스펀지

● 프레임

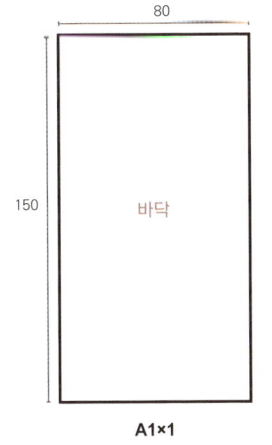

A1×1 (바닥, 80×150)

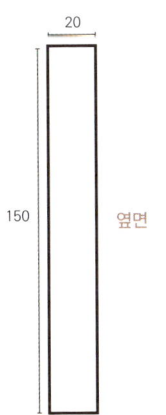

A2×2 (옆면, 20×150)

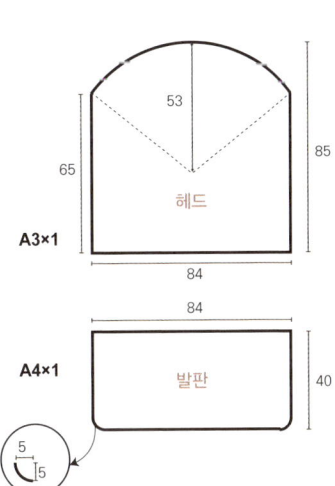

A3×1 (헤드, 84×85, 65, 53)
A4×1 (발판, 84×40, 5×5)

침대

1

바닥 A1, 옆면 A2, 침대 헤드 A3, 발판 A4 순으로 판지를 붙여 침대 프레임을 만들어요.

2

원단으로 침대 옆면을 싸요. 이때 시접을 접었을 때 틈새로 판지가 보이지 않도록 안쪽 모서리에 원단을 덧대요.

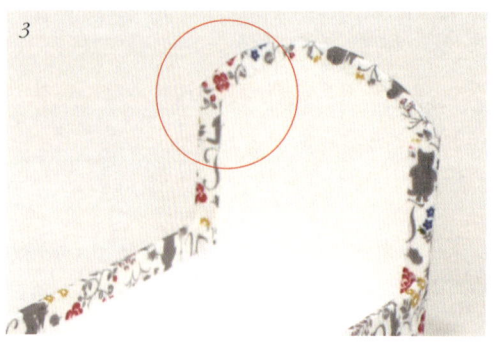

3

시접을 접어 붙여요. 둥근 부분은 핑킹가위로 잘라 시접이 두껍게 겹치지 않게 해요.

4

침대 바닥은 종이를 붙여 마감해요. 가죽 종이를 사용하면 매끄럽고 좋아요.

5

켄트지를 발판에 맞춰 잘라 원단을 붙인 뒤 아래 시접만 남기고 모두 접어서 붙인 뒤 발판 안쪽에 붙여요.

6

켄트지를 헤드 크기에 맞춰 잘라 원단을 붙여요. 아래 시접만 남기고 모두 접어 붙인 뒤 헤드 안쪽에 붙여요.

7

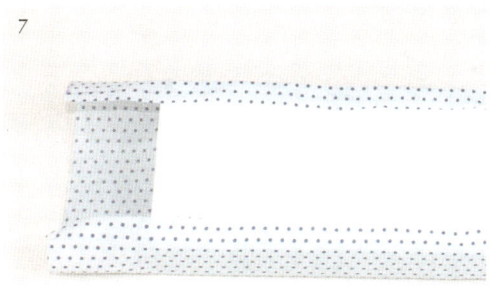

바닥 사이즈에 맞춰 재단한 스펀지를 원단으로 감싼 뒤 시접을 접어 본드로 붙여요.

8

침대 모서리의 시접을 접어 일직선으로 맞추어 붙여요.

9

⑧을 반복해 모서리 시접을 모두 접어 붙여 예쁘게 마무리 해요.

9

프레임에 폭신한 매트리스를 넣으면 완성!

03 책장
BOOK CASE

책장 칸막이는 책이나 소품의 크기에 맞춰 위치를 바꾸어도 좋아요. 놓는 방향에 따라 다른 분위기를 연출할 수 있어요.

난이도 초급
준비물 2mm 판지 1장, 켄트지 1장, 원단

● 상자

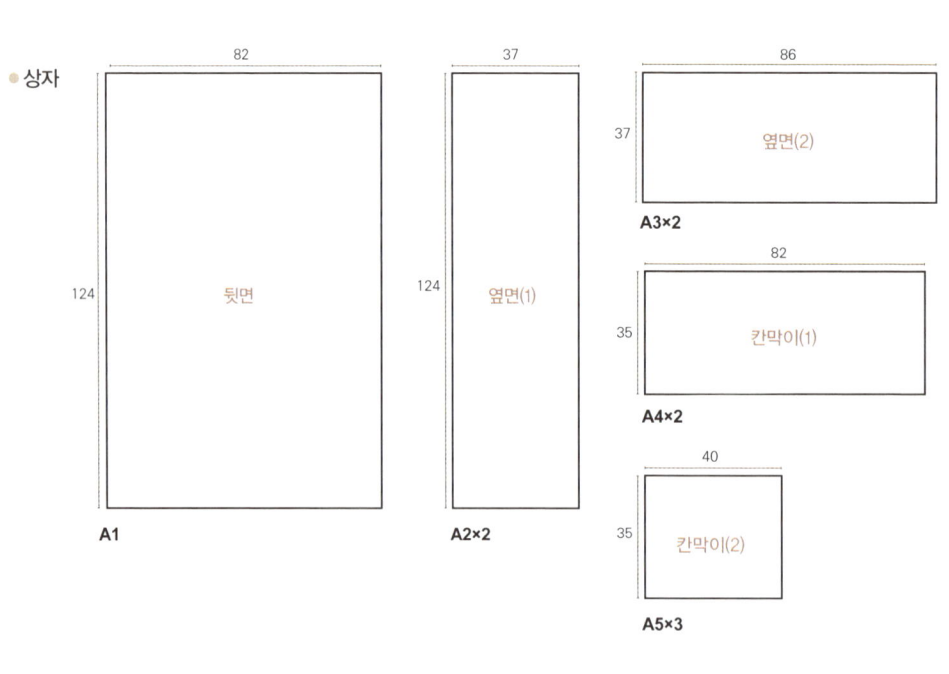

- 뒷면 82 × 124 A1
- 옆면(1) 37 × 124 A2×2
- 옆면(2) 86 × 37 A3×2
- 칸막이(1) 82 × 35 A4×2
- 칸막이(2) 40 × 35 A5×3

1
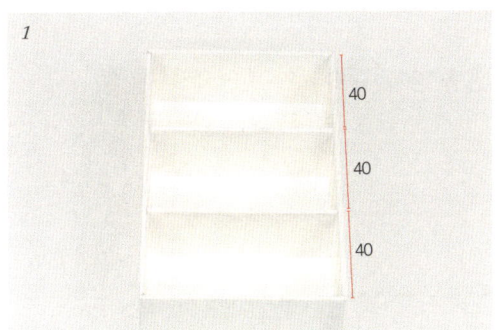
뒷면 A1, 옆면(1) A2, 옆면(2) A3 순으로 판지를 붙여 상자를 만들어요. 완성된 상자에 간격을 맞춰 칸막이(1) A4 판지를 붙여요.

2
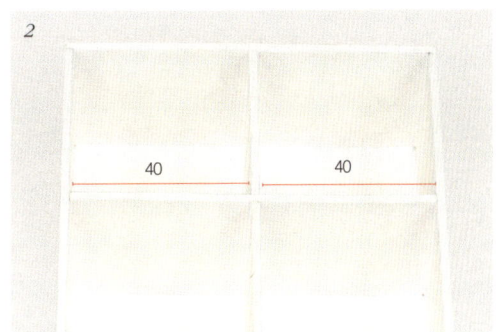
간격을 맞춰 칸막이(2) A5 판지를 붙여요(칸막이가 있는 작품은 칸막이 위치를 계산하기 쉽게 칸막이 두께를 뺀 치수를 표기했어요).

3
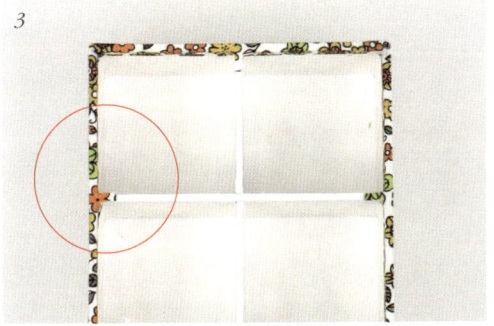
원단으로 겉면을 감싸 붙여요. 시접은 상자 안쪽으로 접어 붙이고, 칸막이 양쪽 끝부분은 일자로 붙여요.

4

켄트지를 뒷면 크기에 맞춰 잘라 원단으로 감싸 시접은 접어 붙인 뒤 책장 뒷면에 붙여요.

5

칸막이(1) 앞부분에 원단을 붙여요.

6
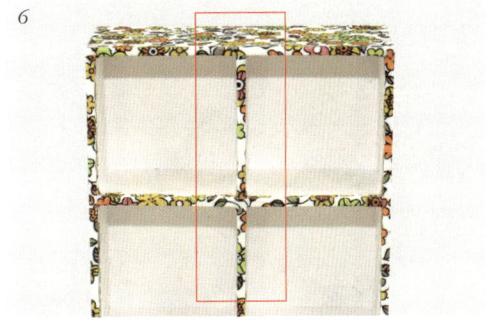
칸막이(2) 앞부분에도 하얀 판지가 보이지 않게 원단을 붙여요.

책장

7

켄트지를 책장 안쪽 뒷면에 맞춰 잘라 원단에 붙여요. 원단 모서리는 대각선으로 잘라요.

8

⑦의 내지를 책장 안쪽 뒷면에 붙이고 시접은 상자 안쪽에 붙여요.

9

켄트지를 책장 깊이에 맞게 잘라 칸에 넣고, 폴더를 이용해 모서리를 잡아요.

10

⑨의 켄트지에 원단을 붙이고 짧은 한쪽 면을 제외한 나머지 면의 시접을 접어 붙여요.

11

상자 안쪽에 ⑩에서 남겨 둔 시접을 먼저 붙이고 위·아래·옆면을 폴더로 모서리를 잡아 가며 붙여요.

12

다른 원단으로 안쪽 면에 변주를 주어 붙이면 더욱 예뻐요.

Mini Book

미니북 만들기
MINI BOOK

미니북은 폼보드를 잘라 패턴 종이를 감싼 켄트지로 표지를 붙이기만 하면 완성돼요.
출력해서 나만의 미니북을 만들어 보세요.

사진 속의 미니북 표지 그림 파일은
넥서스북 홈페이지 (www.nexusbook.com)에서 실물 크기로 내려받을 수 있어요.

04 피크닉 가방
PICNIC BASKET

피크닉 가방에 넣을 그릇과 커틀러리 등 소품을 미리 준비해 사이즈에 맞게 만들어요.

난이도 고급

준비물 0.5mm 판지 1장, 1mm 판지 1장, 켄트지 1장, 원단, 무늬종이, 솜, 솔트레지 1개, D링 1개, 리본, 끈, 경첩 2개

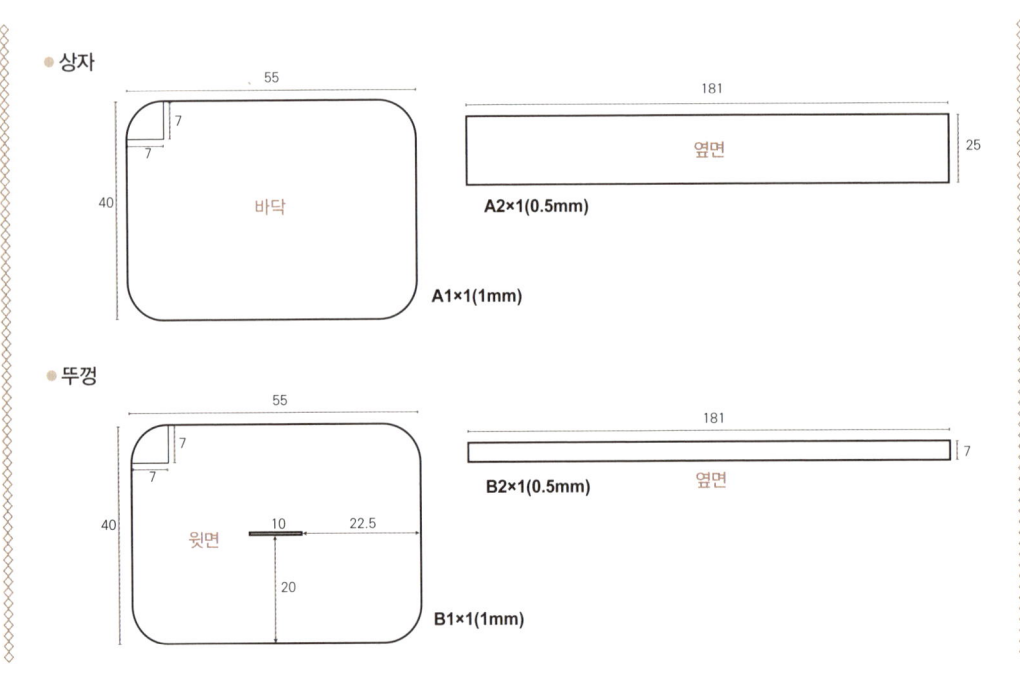

Picnic Basket

1
바닥 A1, 옆면 A2 판지를 붙여 상자를 만들어요. 옆면 판지에 스프레이로 물을 약간 뿌리면 둥근 모서리를 만들기 쉬워져요.

2
바깥 면에 원단을 붙인 뒤 시접을 모두 접어 붙여요.

3
켄트지를 바닥 크기에 맞춰 잘라 원단에 붙여요. 시접을 접어 붙인 뒤 상자 바닥에 붙여요.

4
내지용 무늬 종이를 상자 바닥에 붙이고, 시접은 상자 옆면에 붙여요.

5
뚜껑이 뒤집히지 않게 잡아 줄 얇은 리본을 안쪽 옆면에 붙여요. 리본은 뚜껑이 열리는 방향으로 붙여야 해요.

6
상자 앞면에 구멍을 뚫고 솔트레지를 끼워요. 뚜껑을 닫을 때 고리 역할을 할 거예요.

피크닉 가방

상자 안쪽 옆면에도 무늬 종이를 붙여요.

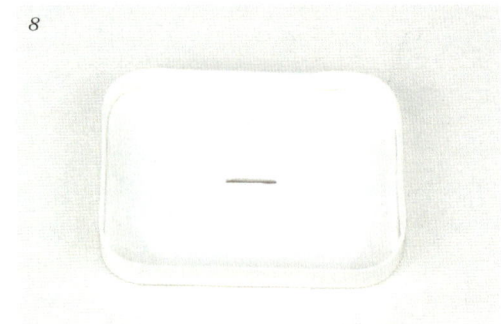

윗면 B1, 옆면 B2 판지를 붙여 뚜껑을 만들어요. 붙이기 전에 윗면에 손잡이를 달 구멍을 내요.

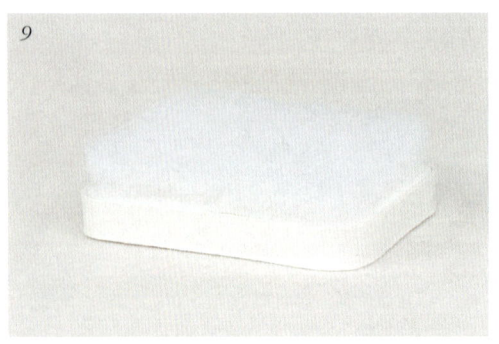

약 5mm 두께의 솜을 준비해 뚜껑 사이즈보다 약간 작게 잘라 뚜껑에 붙여요.

솜의 볼륨감을 살려 뚜껑을 원단으로 감싸 붙여요. 이때 솜에는 풀이 묻지 않게 주의해요.

켄트지를 뚜껑 옆면에 맞춰 잘라 원단에 붙이고, 사진처럼 시접을 정리해요.

⑪을 준비해 둔 뚜껑 옆면에 붙여요.

13

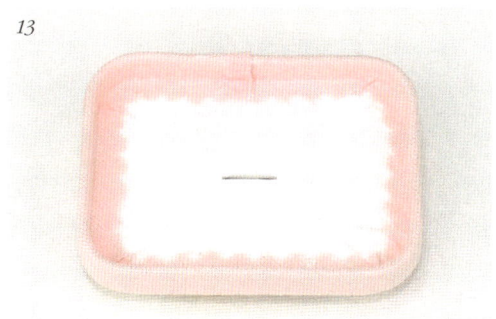

남은 시접은 모서리 부분이 겹치지 않게 주의하면서 안쪽으로 접어 붙여요.

14

손잡이로 쓸 켄트지를 9×40mm로 잘라 원단에 붙여 시접을 접어 붙여요.

15

D링에 ⑭를 끼우고 반으로 접어요.

16

⑧에 뚫은 구멍에 맞춰 원단에도 구멍을 내어 ⑮를 끼워요.

17

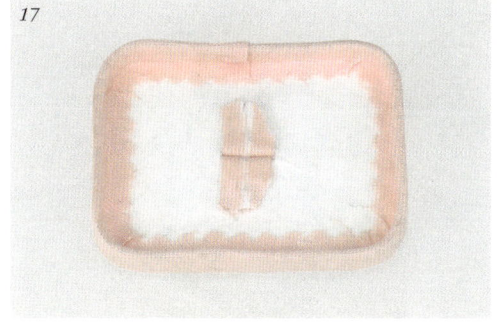

손잡이를 안쪽에 펼쳐 붙여 고정해요.

18

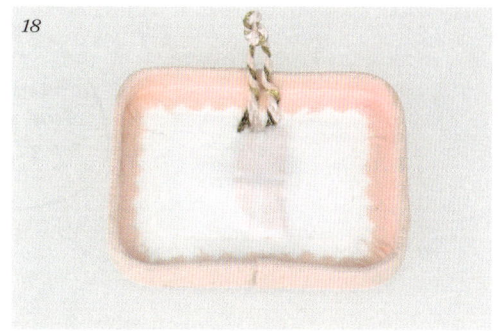

끈을 묶어 고리를 만든 뒤 뚜껑 안쪽에 고정해요.

피크닉 가방

19

20

무늬 종이를 뚜껑 윗면에 맞춰 잘라요. 구멍을 내어 식기 등을 수납할 수 있게 리본을 끼워요.

경첩을 이용하여 상자와 뚜껑을 연결해요.

21

22

⑤에 붙여 둔 리본을 뚜껑 옆면에 붙여 고정해요. 뚜껑이 지나치게 뒤로 젖혀지지 않게 적당한 길이로 조절해서 붙여요.

뚜껑에 ⑲를 붙여 마무리하면 작고 예쁜 피크닉 가방이 완성돼요.

미니어처 식기와 커틀러리를 준비해 피크닉 가방 안을 채워 주세요.

05 마카롱상자
MACAROON CASE

귀여운 마카롱은 클레이만 있다면 누구나 손쉽게 만들 수 있어요. 앙증맞은 마카롱으로 작고 예쁜 상자를 채워 봐요.

난이도 중급

준비물 0.5mm 판지 1장, 켄트지 1장, 가죽 종이, 원단, 투명 아크릴, 리본

● 상자

- A1×1 : 바닥, 지름 28
- A2×1 : 옆면, 90 × 8
- A3×1 : 바깥 바닥, 지름 33

● 뚜껑

- B1×1 : 윗면, 지름 31
- B2×1 : 옆면, 100 × 15

마카롱 상자

1

바닥 A1과 옆면 A2 판지를 붙여 상자를 만들어요. 옆면에 스프레이로 물을 살짝 뿌리면 모양이 잘 잡혀요.

2

옆면에 원단을 붙이고 핑킹가위로 원단 끝부분을 잘라요.

3

상자 안쪽 옆면을 붙이고 시접은 바닥에 붙여요. 바닥의 시접이 밀착될 수 있게 모델러로 문질러요.

4

가죽 종이를 잘라 상자 안쪽 바닥에 붙여요.

5

바깥 바닥 A3 판지를 원단에 붙여요. 시접은 핑킹가위로 잘라 접어 붙여요.

6

⑤에 ④의 상자를 붙여요.

Macaroon Case

7

투명 아크릴을 둥글게 말아 상자 중앙에 순간접착제로 붙여요.

8

윗면 B1과 옆면 B2 판지를 붙여 상자를 만들어요.

9

옆면에 원단을 붙이고 핑킹가위로 끝부분을 잘라요. 상자 안쪽 옆면을 붙이고 시접은 바닥에 붙여요.

10

⑤를 참고하여 켄트지를 뚜껑 윗면에 맞춰 잘라 원단으로 감싼 뒤 윗면에 붙여요.

11

켄트지를 뚜껑 윗면 크기로 잘라 원단으로 감싼 뒤 뚜껑 안쪽 윗면에도 동일하게 붙여요.

12

완성된 상자는 뚜껑을 덮어 리본으로 장식해요. 리본은 섬유 본드를 이용하면 더욱 잘 붙어요.

06 3단마카롱케이크
MACAROON CAKE

마카롱 케이크는 뚜껑이 열리는 상자예요.
예쁘기만한 장식품이 아니라 인형들의 소품을 숨겨
둘 수 있는 비밀스러운 수납 공간이랍니다.

난이도 중급
준비물 0.5mm 판지 1장, 켄트지 1장, 원단, 클레이로 만든 마카롱,
프리저브드 플라워

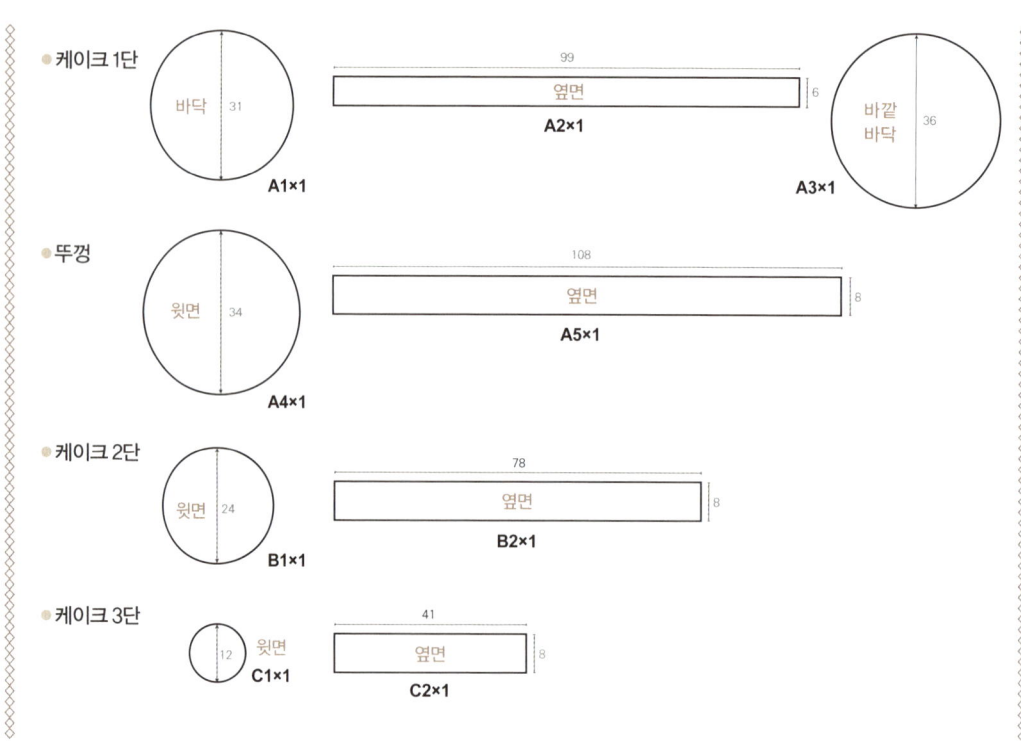

● 케이크 1단
바닥 31   A1×1
옆면 99 × 6   A2×1
바깥 바닥 36   A3×1

● 뚜껑
윗면 34   A4×1
옆면 108 × 8   A5×1

● 케이크 2단
윗면 24   B1×1
옆면 78 × 8   B2×1

● 케이크 3단
윗면 12   C1×1
옆면 41 × 8   C2×1

1

바닥 A1과 옆면 A2 판지를 붙여 케이크 1단 상자를 만들어요. 판지 옆면에 스프레이로 물을 살짝 뿌리면 모양이 잘 잡혀요.

2

원단으로 ①의 상자 옆면을 붙여요. 시접 끝은 핑킹가위로 잘라 상자 안쪽으로 접어 붙여요.

3

켄트지를 상자 안쪽 바닥에 맞춰 잘라 원단에 붙여요. 시접을 접어 붙인 뒤 상자 안쪽 바닥에 붙여요.

4

바깥 바닥 A3 도안에 맞게 자른 판지를 원단에 붙여요. 시접은 붙였을 때 겹치지 않게 핑킹가위로 잘라요.

5

시접을 접어 모델러로 밀착시켜 가며 붙여요.

6

③의 상자를 ⑤의 중앙에 맞추어 붙여요.

3단 마카롱 케이크

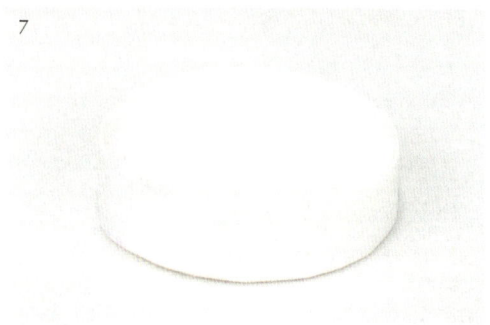

7

윗면 A4와 옆면 A5 판지를 붙여 ①과 동일한 방법으로 상자를 만들어요.

8

뚜껑 위쪽(막힌 부분)을 원단으로 감싸 붙여요.

9

옆면에 원단을 붙이고 핑킹가위로 시접 끝부분을 잘라요.

10

시접을 접어 뚜껑 안쪽에 붙여요.

11

⑤와 같은 방법으로 내지를 만들어 뚜껑 안쪽 바닥에 붙여요.

12

⑥과 ⑪ 상자와 뚜껑이 잘 맞는지 맞춰 봐요.

13

①과 동일한 방법으로 2단(B1, B2)과 3단(C1, C2)의 상자를 만들어요.

14

⑧~⑩을 참고해 윗면과 옆면에 원단을 붙여 완성해요.

15

중앙을 잘 맞추어 3단으로 쌓아 붙여요.

16

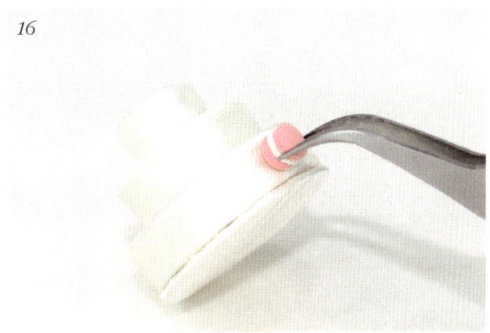

상자에 미리 만들어 둔 미니어처 마카롱을 본드를 이용하여 붙여요.

17

마카롱을 모두 붙이면 케이크 완성!

프리저브드 플라워로 데코레이션하면 더 예뻐요.

07 보물상자
TREASURE BOX

상자 안을 채울 나만의 보물을 미니어처로 만들어요. 오래된 일기장도 좋고, 기억에 남는 여행지의 지도라면 만들기도 쉽겠죠.

난이도 중급

준비물 1mm 판지 1장, 켄트지 1장, 가죽 종이, 원단, 가죽끈, 금속 장식 22개, 미니 자석 2개, 미니 손잡이 2개

● 상자

- 옆면 25×44 A2×2
- 바닥 58×44 A1×1
- 앞면·뒷면 60×25 A3×2

● 뚜껑

- 윗면 60×69 (7, 55, 7) B1×1
- 옆면 44×(25, 12, 7) B2×2

1	2
	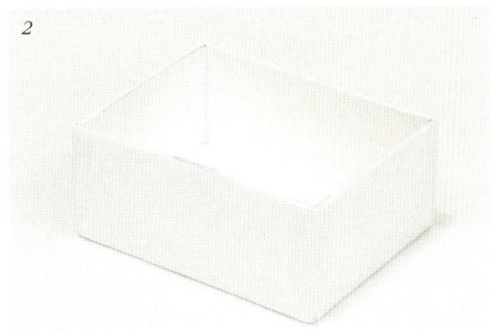

상자 앞면 A3와, 뚜껑 윗면 B1판지에 자석을 붙여요. N극과 S극을 주의해 붙여야 해요.

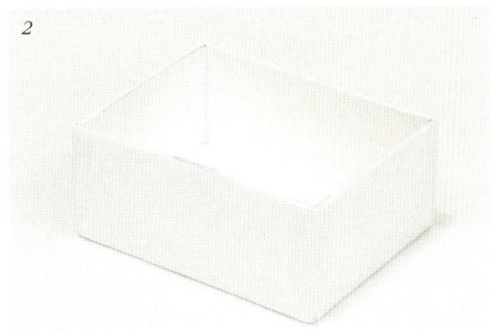

자석이 상자 앞면의 위를 향하게 하여 바닥 A1, 옆면 A2, 앞뒷면 A3 판지를 순서대로 붙여 상자를 만들어요.

상자 겉면에 가죽 종이를 붙여요. 시접은 뒷부분만 남겨 두고 모두 접어 붙여요.

윗면 B1과 옆면 B2로 뚜껑을 만들어요. 스프레이로 물을 살짝 뿌리면 돔형 뚜껑을 만들기 쉬워요.

가죽 종이로 뚜껑 윗면을 감싼 뒤 옆면의 둥근 부분은 핑킹가위로 시접을 잘라 겹치지 않게 붙여요. 뚜껑 양쪽 옆면에도 가죽 종이를 붙이고 시접은 뚜껑 안쪽으로 접어 붙여요.

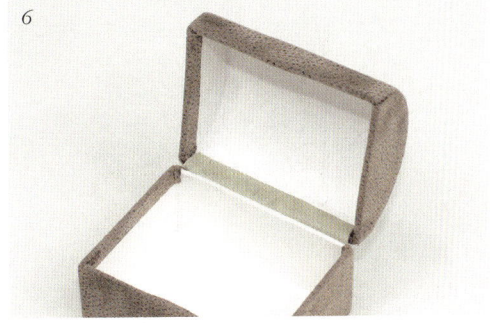

③의 상자에 남겨 둔 시접을 뚜껑에 붙여 연결해요.

보물 상자

7
켄트지를 뚜껑 윗면에 맞춰 잘라 원단에 붙이고 원단 모서리는 사선으로 잘라요. 양옆의 시접은 핑킹가위로 자르고 윗면의 시접만 접어 붙여요.

8
⑦의 내지를 뚜껑 안쪽에 붙이고 남겨 두었던 시접은 상자와 뚜껑 안쪽에 붙여요.

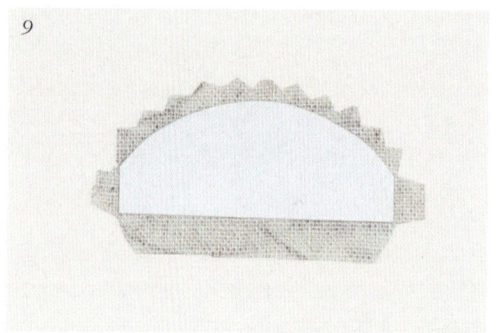

9
켄트지를 뚜껑 옆면에 맞춰 잘라 원단에 붙이고 둥근 부분은 핑킹가위로 잘라요.

10
모든 시접을 접어서 붙여요.

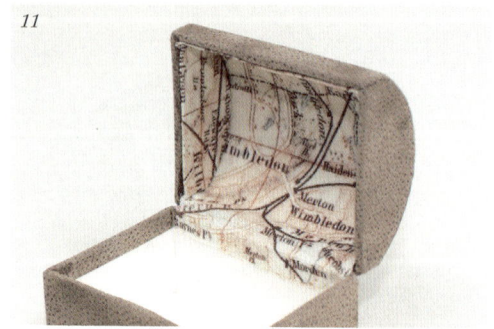

11
완성된 내지를 뚜껑 안 양쪽 옆면에 붙여요.

12
켄트지를 상자 바닥에 맞춰 잘라 원단에 붙여 상자 안쪽 바닥에 붙이고, 시접은 상자 안쪽 옆면에 붙여요.

13

켄트지를 상자 옆면에 맞춰 잘라 원단에 붙이고 위아래 시접은 접어 붙인 뒤 상자 안쪽 옆면에 붙여요.

14

나머지 안쪽 면에도 내지를 붙여요.

15

가죽끈을 상자에 붙여요. 상자와 뚜껑이 만나는 지점에 가죽끈이 만나도록 딱 맞춰 붙이는 게 중요해요.

16

가죽 줄 위에 작은 금속 장식을 일정한 간격으로 붙여요.

17

순간접착제를 사용해 옆면에 예쁜 금속 손잡이를 붙이면 완성이에요.

상자에 보물을 채워 넣어요!

08 강아지 집
DOG HOUSE

혹시 반려견을 키우고 있나요? 우리 강아지 이름도 좋고, 새로운 이름을 지어도 좋아요. 종이에 이름을 적어 붙이면 귀여운 문패가 돼요.

난이도 초급
준비물 1mm 판지 1장, 켄트지 1장, 원단, 가죽 종이, 섬유 본드

● 상자

- 옆면: 28 × 38, A2×2
- 바닥: 24 × 38 (39), 16, 4, 4, A1×1
- 앞면: 36 × 43, 28, 8, 25, 5·5·8·8·5·5, A3×1
- 뒷면: 36 × 43, A4×1

● 지붕

- 지붕: 25 × 42, A5×2

1

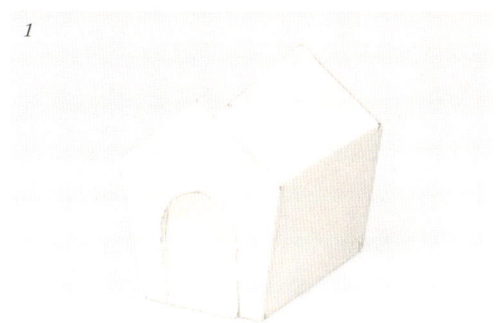

바닥 A1, 옆면 A2, 뒷면 A4, 앞면 A3 판지를 순서대로 붙여 상자를 만들어요.

2

원단으로 옆면을 싼 뒤 시접을 모두 접어서 붙여요. 앞면 문 곡선 부분은 가위집을 내어 시접이 겹치지 않도록 주의해서 붙여요.

3

바닥면은 몸체와 원단 패턴, 색상이 비슷한 종이를 붙여요.

4

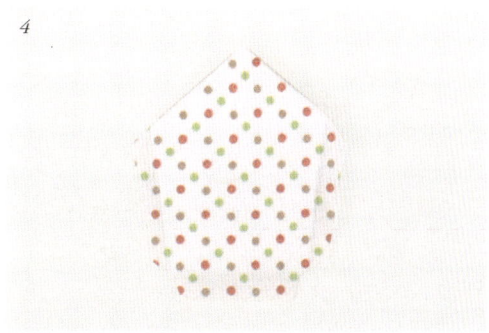

켄트지를 뒷면에 맞춰 잘라 원단에 붙여요. 원단 아랫면 모서리는 사선으로 자르고 위쪽 시접만 접어 붙여요.

5

⑤에 준비한 내지를 상자 뒷면에 붙여요. 남겨 둔 시접을 상자 안쪽에 붙여요.

6

켄트지를 앞면에 맞게 자춰 잘라 원단에 붙여요. 원단 아랫면 모서리는 사선으로 잘라 위쪽과 문 안쪽 시접을 접어 붙여요.

강아지 집

7

상자 안쪽에 ⑥을 붙이고 남겨 둔 시접을 상자 안쪽에 붙여요.

8

내지가 잘 붙을 수 있도록 켄트지를 잘라 모델러로 모서리를 잡아요.

9

⑧의 켄트지를 원단에 붙이고 시접을 모두 접어 붙여요.

10

상자 안쪽에 ⑨의 내지를 붙여요. 모서리를 눌러 가며 붙여야 깔끔해요.

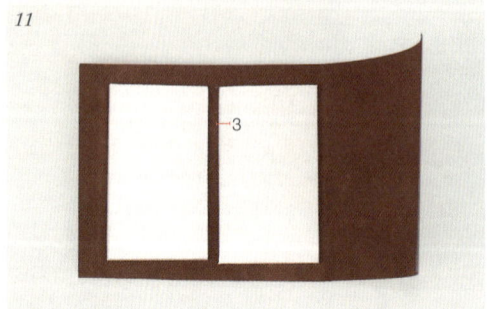

11

지붕용 판지 A5를 가죽 종이에 3mm 간격을 띄우고 붙여요. 그 위에 가죽 종이를 붙여요. 지붕이 잘 구부러지게 벌려둔 간격을 폴더로 살짝 문질러요.

11

상자에 섬유 본드로 지붕을 붙이면 귀여운 강아지 집이 완성돼요.

09 핸드캐리어
HAND CARRIER

인형 전용 핸드 캐리어를 만들어 봐요. 머리카락이 헝클어지거나 작은 상처가 생길 걱정 없이 어디든 데려갈 수 있어요.

난이도 초급

준비물 2mm판지 2장, 켄트지 2장, 원단, 12mm 가죽끈 150mm, 북 코너 4개, 리본, 부직포, 리벳 2쌍, 솔트레지 1개

● 상자

- A1×1 뒷면 171×226
- A3×2 옆면 78×230
- A2×2 윗면·바닥 171×78

● 뚜껑

- B1×2 앞뒷면 180×230
- B3×1 안쪽 면 166×221
- B2×1 옆면 230×80

핸드 캐리어

1. 뒷면 A1, 윗면·바닥 A2, 옆면 A3 순으로 판지를 붙여 상자를 만들어요. 겉면에 원단을 붙이고 시접은 접어 붙여요.

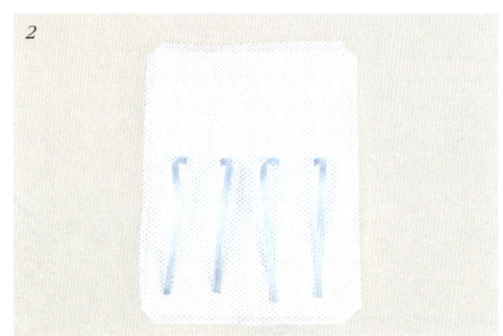

2. 켄트지를 뒷면에 맞춰 잘라 원단에 붙여요. 모서리 시접은 사선으로 잘라요. 구멍을 내어 고정용 리본을 적당한 길이로 잘라 끼워요.

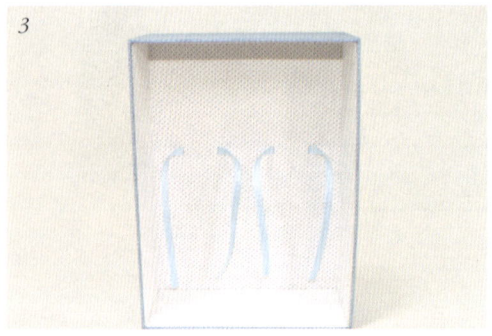

3. ②를 상자 뒷면에 붙이고 시접은 옆면, 윗면, 바닥에 붙여요. 나머지 내지도 켄트지와 원단을 이용해 붙여요.

4. 가죽끈에 구멍을 뚫어요.

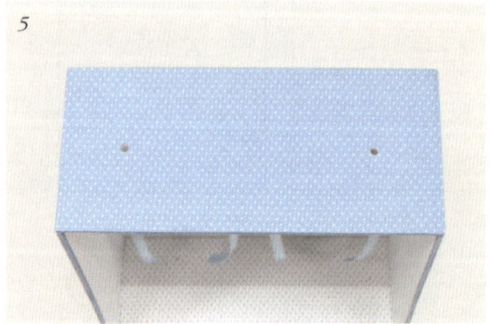

5. 상자에 적당한 너비로 가죽끈을 붙일 구멍을 뚫어요.

6. 가죽끈을 리벳을 이용해 상자에 고정해요.

7

앞뒷면 B1과 옆면 B2 판지를 5mm 간격을 두고 원단에 붙여요. 원단 모서리는 사선으로 잘라요.

8

긴 쪽 면의 시접을 붙인 뒤 모서리 부분을 폴더로 눌러서 판지에 밀착시켜요.

9

남은 시접도 모두 접어 붙이고, 원단 조각을 덧대어 붙여요. 뚜껑과 상자를 잠가 줄 레이스도 붙여요.

10

모서리는 닳기 쉬우니 방지하기 위해 북 코너를 끼워요.

11

⑨와 ⑥의 상자를 붙여요.

12

안쪽 면 B3 판지를 원단에 붙여요. 원단 모서리를 사선으로 잘라 시접을 접어 붙여요.

부직포와 금속 장식 등을 이용해 장식하면 더 예뻐요.

⑬을 뚜껑에 붙여요.

예쁜 인형캐리어가
완성되었어요!
이제 인형과 함께
어디든 갈 수 있겠죠?

아토마루 작가의
사랑이 필요한 도란도란

2011년 아람 시리즈로 처음 등장한 아토마루 작가의 인형은 언제나 완판을 기록하는, 인형 마니아들의 워너비 시리즈랍니다. 지금까지 출시된 시리즈만 해도 아람, 흑단·백단, 아람 애플, 아라, 피치 블로썸, 달곰·새곰 등 다양해요. 부지런히 새로운 시리즈를 선보이지만 늘 빠른 시간 안에 완판되어 많은 이들의 마음을 애타게 한답니다.

특히 사랑이 필요한 도란도란, 일명 사필도 시리즈는 커스텀 작업을 하고 싶어 하는 마니아들을 위해 페인팅과 의상 등 직접 꾸밀 수 있는 패키지를 꾸준히 선보이며 많은 이들의 사랑을 받고 있답니다.

날씬한 다리와 가녀린 몸매의 사필도 인형을 자세히 알고 싶다면 아토마루 작가의 홈페이지를 방문해 보세요.

● 홈페이지 www.atomarudoll.com
● 블로그 m.blog.naver.com/clayer
● 연락처 clayer@naver.com

PART 2

아름다운 날들
Beautiful Days

드레스 룸
DRESS ROOM

여자라면 누구나 꿈꾸는 나만의 드레스 룸.
3면 입체 거울의 공주님 화장대,
반짝거리는 액세서리를 종류별로 수납할 수 있는 가구,
구두, 모자, 의상을 한눈에 볼 수 있도록 정리한 옷장,
수납공간으로 활용할 수 있는 스툴까지
우리 아가에게 셀럽들도 부러워할 드레스 룸을 선물해 볼까요?

1 비즈와 와이어로 작은 액세서리를 만들어 보세요. 형형색색의 작은 리본을 묶어 두는 것만으로도 예쁜 소품이 된답니다.
2 작은 안경은 저렴하면서도 예뻐 인형의 필수 아이템이에요.
3 옷걸이에 예쁜 옷을 입혀 세워 두거나 나무 느낌의 미니어처 프리저브드 플라워 화분을 두면 분위기가 한층 자연스러워져요.
4 작은 화병에 꽃을 꽂아 화장대 위에 살포시 올려 두어요. 쟁반에 미니어처 유리병을 올려 두면 향수나 화장품처럼 보여요.
5 가죽 종이와 원단, 금속 체인으로 개성 강한 가방을 만들어 보세요.
6 같은 모양의 상자도 다양한 색상의 원단을 조합하여 만들면 재미있어요.

01 룸박스
ROOM BOX

룸 박스는 넓은 면으로 이루어져 휘어지기 쉬워요. 무거운 책이나 물건으로 눌러 두면 휘는 것을 방지할 수 있어요.

난이도 중급

준비물 2.5mm 판지 9장, 켄트지 9장, 원단, 원목 패널, 목공예 마감재

● 상자

A1×1 497.5 × 347.5 바닥	A2×1 347.5 × 350 옆면	A3×1 500 × 350 뒷면
B1×1 495 × 345 바닥	B2×1 345 × 347.5 옆면	B3×1 497.5 × 347.5 뒷면
C1×1 492.5 × 342.5 바닥	C2×1 342.5 × 345 옆면	C3×1 495 × 345 뒷면

바닥 A1, 옆면 A2, 뒷면 A3, 뒷면 B3, 옆면 B2, 바닥 B1, 뒷면 C3, 옆면 C2, 바닥 C1 순으로 ②의 사진처럼 지그재그로 판지를 붙여 상자를 만들어요.

판지를 화살표 방향(안쪽)으로 지그재그로 겹쳐 가면서 붙이면 룸 박스를 튼튼하게 만들 수 있어요.

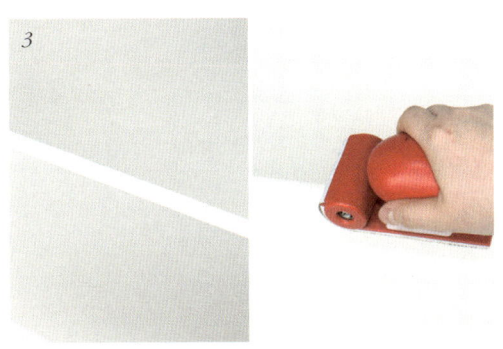

판지를 3장 붙여서 테두리 표면이 고르지 않을 거예요. 사포질을 해서 테두리 표면을 고르게 만들면 원단을 붙였을 때 울퉁불퉁하지 않아요.

테두리에 물테이프를 붙여요. 이 작업은 테두리 표면도 더 매끄럽게 정리되고 원단도 잘 붙게 하는 역할을 해요.

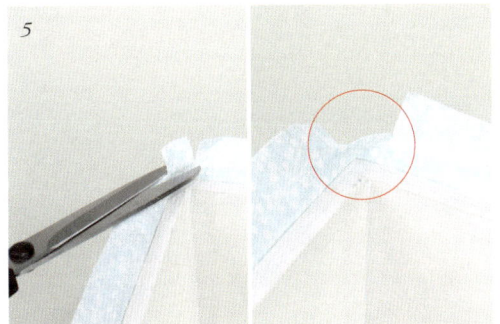

바깥쪽에 원단을 붙이고 꺾이는 지점 모서리의 시접을 사진처럼 정리해요.

시접을 접어서 붙여요.

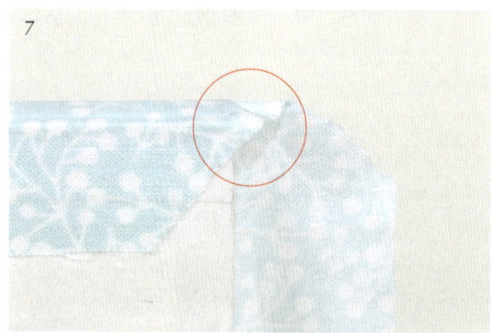

반대쪽 모서리 시접은 사선으로 자른 뒤 먼저 위쪽 시접을 붙여요.

가운데 시접에 본드를 바르고 폴더로 눌러서 판지 옆면에 붙여요.

남은 시접을 접어 붙여요.

나머지 모서리 시접도 모두 붙여요.

켄트지를 바닥 A1에 맞춰 잘라 원단에 붙여요. 원단 모서리를 사선으로 자르고 윗면, 왼쪽 시접을 접어 붙여요. 오른쪽과 아랫면 시접은 남겨 두어요.

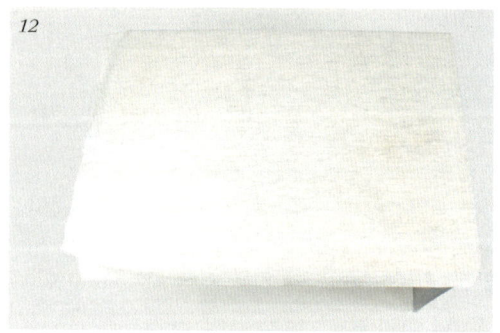

⑪을 ⑩의 상자 바깥쪽 바닥 면에 붙여요.

13

시접을 상자 쪽으로 접어서 붙여요.

14

나무의 느낌이 나는 종이를 일정한 크기로 잘라 두어요.

15

바닥에 ⑭를 본드로 붙여요. 헤링본 무늬도 좋고, 직선으로 붙여도 좋아요. 켄트지에 원단을 붙여 위쪽 벽면을 도배하는 느낌으로 붙여요.

16

원목 패널을 일정하게 잘라 목공예 마감재를 발라요. 마감재를 바르면 오래 사용할 수 있어요.

17

벽면에 원목 패널의 높이를 맞추어 가며 붙여요.

멋진 룸 박스가 완성되었어요!
이제 공간을 채워 볼까요?

Column 02

프리저브드 아마란스 공방
Preserved Amaranth

프리저브드 아마란스는 다년간 프리저브드 플라워를 활용한 다양한 인테리어와 웨딩 소품을 만드는 공방이에요.

아마란스 님은 오랜 기간 미국과 일본 등지에서 생활하며 유명 작가들의 작품을 보아 온 안목을 프리저브드 플라워에 적용해 감각적인 작품을 선보입니다.

초보자 과정부터 전문가 과정까지 다양한 강좌를 운영해 프리저브드 플라워의 매력에 빠지고 싶은 분에게는 더 없이 유용한 공간이랍니다.

- 인스타그램 www.instagram.com/preserved_amaranth
- 홈페이지 www.preservedamaranth.com

쁘띠돌리가든
Petitdollygarden

1/6 사이즈 인형옷 및 소품 숍

뜨개질로 나만의 인형 의상과 소품을 만들어 보세요. 모자, 의상, 곰돌이 인형 등 생각보다 훨씬 다양한 소품을 직접 만들 수 있어요. 뜨개질 초보라 처음부터 차근차근 배우고 싶다면 '쁘띠돌리가든'에 방문해 보세요.

- 인스타그램 www.instagram.com/petitdollygarden
(구입 및 강습 관련 문의는 다이렉트 메시지로)

02 화장대
DRESSING TABLE

인형 사이즈에 가구 다리 길이를
조절해 높이를 맞추어 주세요.
가죽 종이는 구하기 어렵다면
어울리는 색상의 일반 종이를
사용해도 좋아요.

- **난이도** 고급
- **준비물** 2mm 판지 1장, 켄트지 1장, 가죽 종이, 원단, 거울 필름, 원목 가구 다리 4개, 금속 핀 5개, 진주 5개, 레이스, 경첩 4개

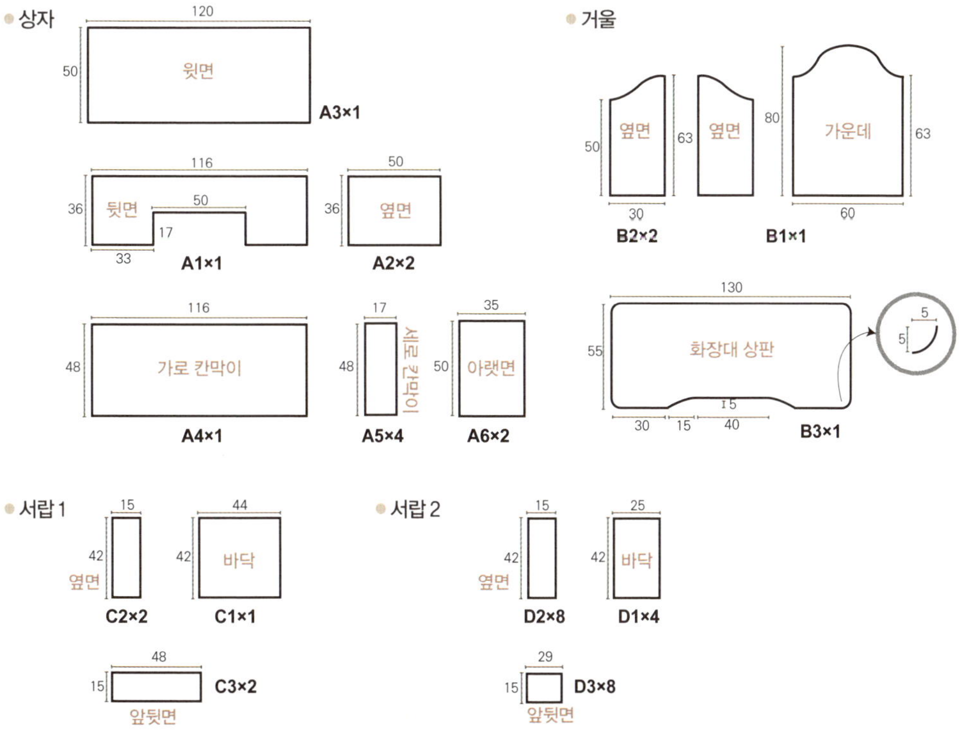

● 상자

윗면	120 × 50	A3×1
뒷면	116 × 36, 홈 50 × 17, 33	A1×1
옆면	50 × 36	A2×2
가로 칸막이	116 × 48	A4×1
세로 칸막이	17 × 48	A5×4
아랫면	35 × 48	A6×2

● 거울

옆면	50 × 63, 상단 30	B2×2
가운데	80 × 63, 하단 60	B1×1
화장대 상판	130 × 55, 홈 30-15-40, 모서리 R5	B3×1

● 서랍 1

옆면	15 × 42	C2×2
바닥	44 × 42	C1×1
앞뒷면	48 × 15	C3×2

● 서랍 2

옆면	15 × 42	D2×8
바닥	25 × 42	D1×4
앞뒷면	29 × 15	D3×8

화장대

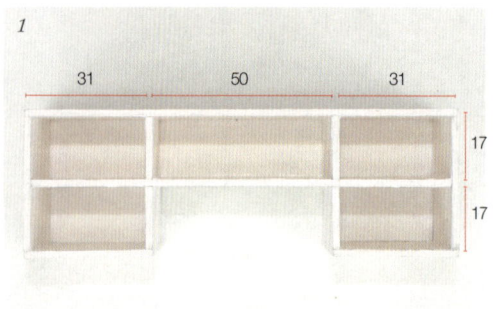

뒷면 A1, 옆면 A2, 윗면 A3, 가로 칸막이 A4, 세로 칸막이 A5, 아랫면 A6 순서로 판지를 붙여 상자를 만들어요.

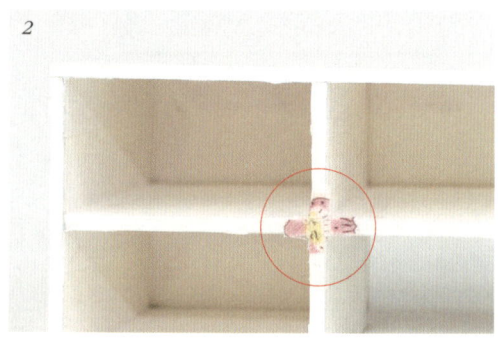

가로 칸막이와 세로 칸막이가 교차하는 부분은 시접으로 감출 수 없으니 원단을 덧대요.

원단으로 겉면을 싸고 시접은 접어서 상자 안쪽에 붙여요.

칸막이 테두리에도 모두 원단을 붙여요.

켄트지를 뒷면에 맞춰 잘라요. 원단을 붙인 뒤 위쪽 시접만 남기고 모두 접어 붙여요.

⑤를 상자 뒷면에 붙여요.

7

서랍 안쪽에 물테이프를 붙이면 서랍을 부드럽게 여닫을 수 있어요. 물테이프가 없다면 매끄러운 흰색 종이를 사용해도 좋아요.

8

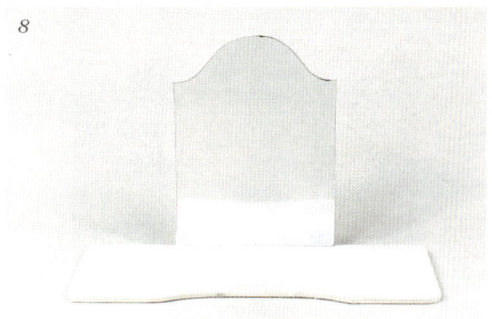

가운데 B1 판지에 거울 필름을 잘라 붙인 뒤, 상판 B3 판지와 직각이 되게 붙여요.

9

거울 뒷면에 원단을 붙이고 시접은 거울 위로 접어 붙여요.

10

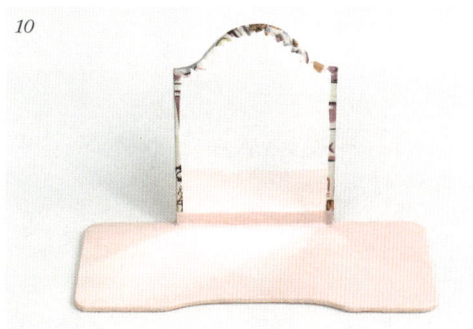

화장대 상판에 원단을 붙이고 시접은 아래로 접어서 붙여요.

11

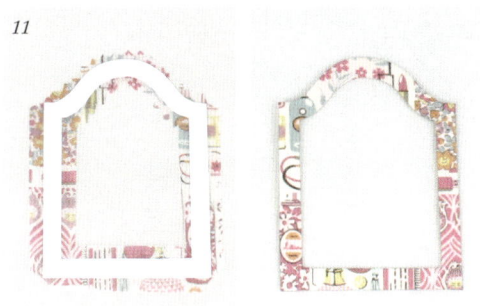

켄트지를 거울 테두리 모양으로 잘라요. 원단을 붙이고 곡선 부분은 핑킹가위로 정리해 모든 시접을 접어 붙여요.

12

⑪을 ⑩의 거울에 붙여요.

화장대

13

양쪽 옆면 B2 판지에 거울 필름을 붙여요. 거울 뒷면에 원단을 붙여 시접은 앞쪽에 접어 붙여요.

14

켄트지를 거울 테두리 모양으로 잘라요. 원단을 붙이고 시접을 정리해 ⑬에 붙여요.

15

뒷면에 경첩을 붙여 ⑫와 ⑭를 연결해요.

16

완성된 3면 입체 거울을 ⑦의 상판에 붙여요.

17

바닥 C1, 옆면 C2, 앞뒷면 C3 판지를 붙여 서랍을 만들어요. 앞면을 원단으로 싼 뒤 시접을 접어 붙이고 나머지는 가죽 종이로 싸요.

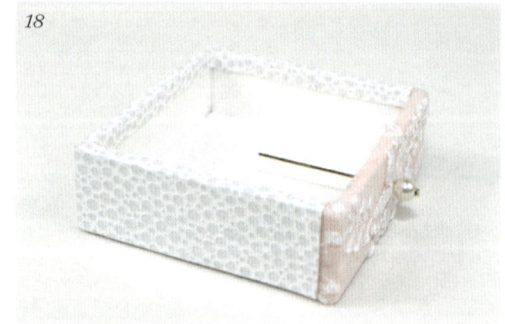

18

앞면에 구멍을 내어 진주를 끼운 금속 핀을 꽂아요.

19
금속 핀을 적절한 길이로 잘라 안쪽에서 접어 고정해요.

20
서랍 안쪽에 가죽 종이를 붙여요.

21
나머지 서랍도 ⑰~⑳을 반복해 완성해요.

22
순간 접착제로 네 귀퉁이에 원목 가구 다리를 붙여요. 수평을 잘 맞춰 붙여야 뒤뚱거리지 않아요.

Column 03

미니어처 소품 어디서 살까?

미니를 사랑하는 사람들
www.lovemini.co.kr

다양한 미니어처 재료 및 소품을 구매할 수 있는 사이트예요. 합정역 인근에 오프라인 매장이 있어 차 한잔하며 다양한 미니어처 작품을 감상할 수도 있고, 강좌에도 참가할 수 있답니다.

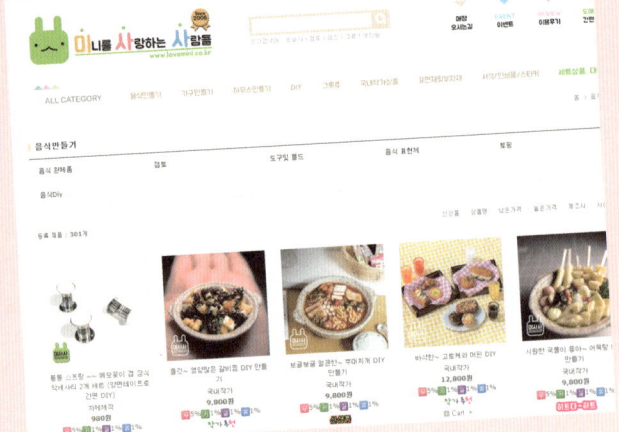

쪼만한 마을
jjo.co.kr

미니어처와 레진 아트 재료 및 소품을 판매하는 곳이에요. 강북구 수유동에 오프라인 매장이 있어 직접 눈으로 확인하고 재료를 구매할 수 있고, 오프라인 강좌도 참가할 수 있답니다.

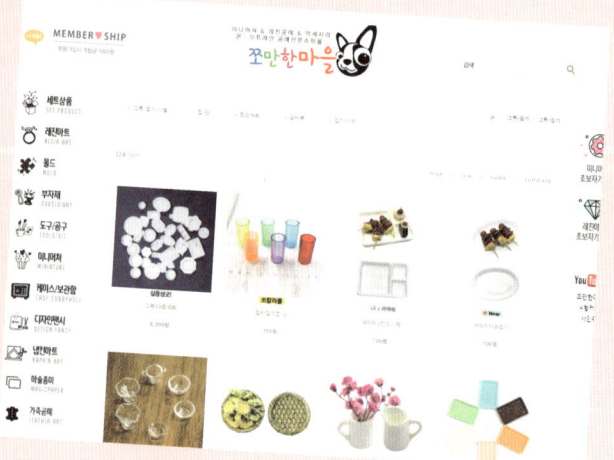

03 스툴
DRESSING STOOL

시트에는 솜을 넉넉히 넣고 원단은 팽팽하게 당겨 붙여야 폭신한 스툴을 만들 수 있어요.

난이도 초급
준비물 2mm 판지 1장, 원단, 원목 가구 다리 4개, 솜 약간

● 상자

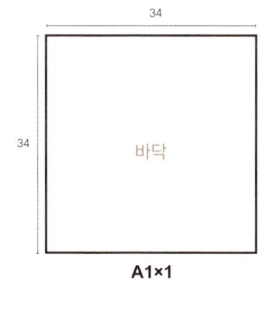

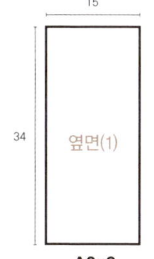

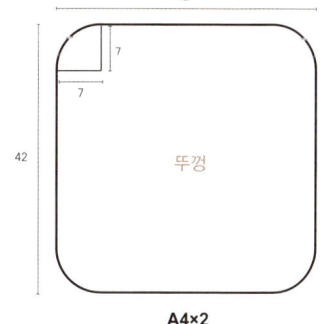

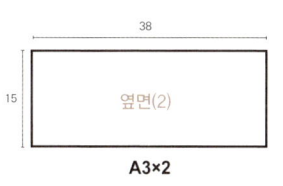

스툴

1

바닥 A1, 옆면(1) A2, 옆면(2) A3 순으로 판지를 붙여 상자를 만들어요.

2

옆면에 원단을 붙이고 시접을 상자 안쪽으로 접어 붙여요.

3

켄트지를 바닥 사이즈에 맞춰 잘라 원단을 붙이고 시접을 접어 붙인 뒤 바깥 바닥에 붙여요.

4

뚜껑 A4 판지 2장 중 1장에 솜을 붙여요.

5

원단에 ④를 뒤집어 올려요.

6

4면의 시접을 살짝 당겨 붙이고 모서리 시접도 당겨 붙여요.

7

뚜껑 A4 1장을 원단에 붙이고 모서리를 핑킹가위로 잘라요.

8
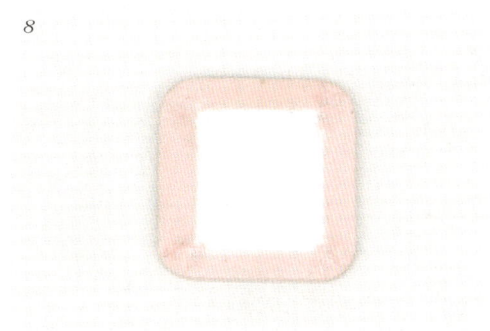

시접을 접어 붙여요.

9

⑥과 ⑧을 붙여요.

10

③에 ⑨를 붙여요.

11

상자 하단 네 귀퉁이에 균형을 맞춰 다리를 붙여요.

푹신한 스툴이 완성됐어요!

04 액세서리 수납장
STORAGE CLOSET

서랍을 만들 때 내지는 가죽 종이를 사용해 보세요. 매끄러워서 서랍을 부드럽게 여닫을 수 있어요.

난이도 고급

준비물 2mm 판지 2장, 켄트지 2장, 가죽 종이, 원단, 투명 필름 1장, 손잡이 장식 8개

● 상자

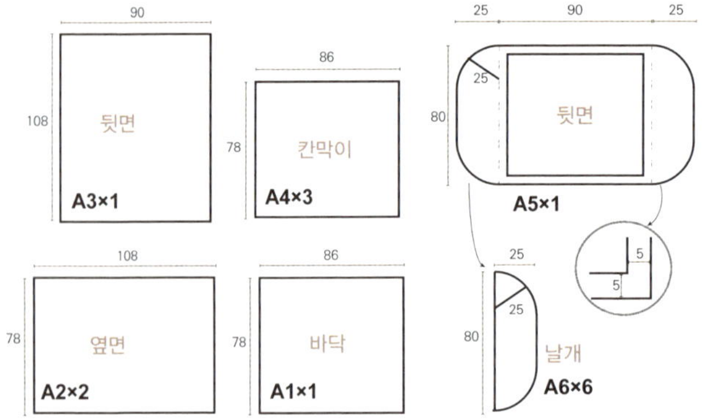

부품	크기	수량
뒷면	90 × 108	A3×1
칸막이	86 × 78	A4×3
뒷면	25+90+25 × 25+80	A5×1
옆면	108 × 78	A2×2
바닥	86 × 78	A1×1
날개	25 × 80	A6×6

● 서랍 2

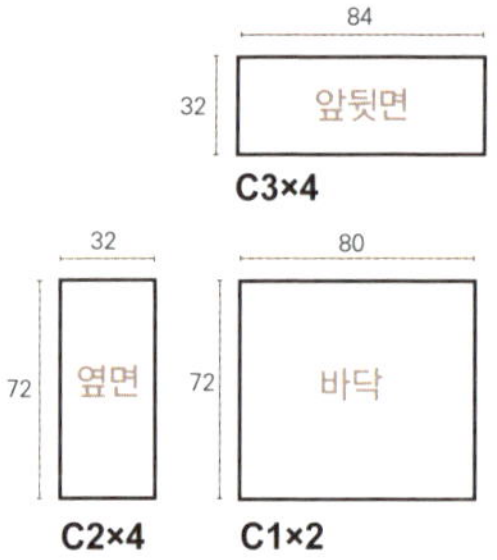

부품	크기	수량
앞뒷면	84 × 32	C3×4
옆면	32 × 72	C2×4
바닥	80 × 72	C1×2

● 서랍 1×2개

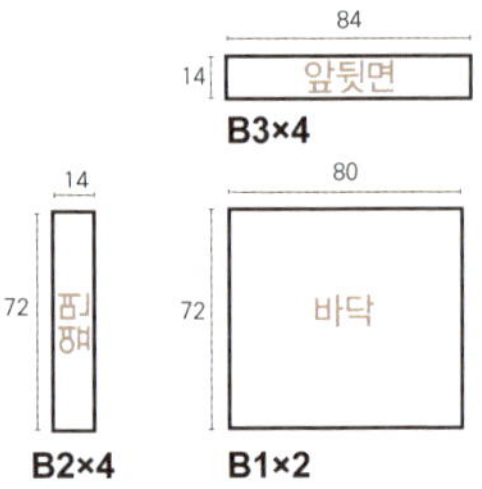

부품	크기	수량
앞뒷면	84 × 14	B3×4
옆면	14 × 72	B2×4
바닥	80 × 72	B1×2

● 서랍 1-1 칸막이

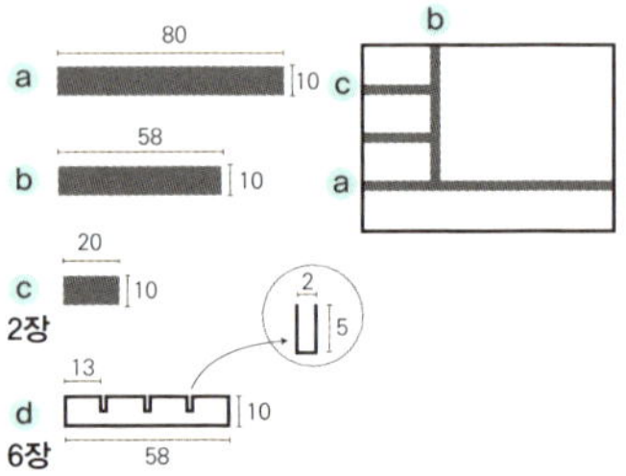

- a: 80 × 10
- b: 58 × 10
- c: 20 × 10
- d: 13 / 58 × 10, 6장 (홈 2, 5)
- 2장

● 서랍 1-2 칸막이

- e: 80 × 10
- f: 35 × 10, 2장

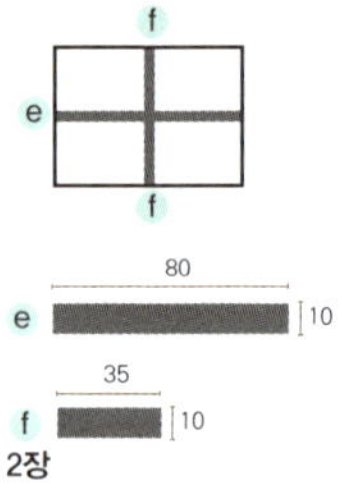

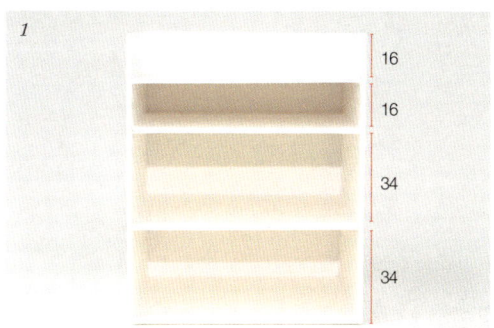

바닥 A1, 옆면 A2, 뒷면 A3, 칸막이 A4 순서로 판지를 붙여 수납장 틀을 만들어요.

날개 A6 판지를 붙여요.

옆면과 뒷면에 원단을 붙여요.

시접을 자른 뒤 모두 접어 상자에 붙여요.

칸막이 앞쪽 테두리에 원단을 붙여요.

서랍 안쪽에 가죽 종이를 붙여요.

액세서리 수납장

윗면 A5 판지에 원단을 붙여요. 시접은 모두 접어 붙여요.

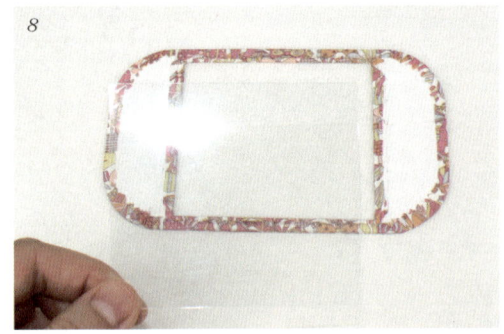

⑦에 투명 필름을 붙여요.

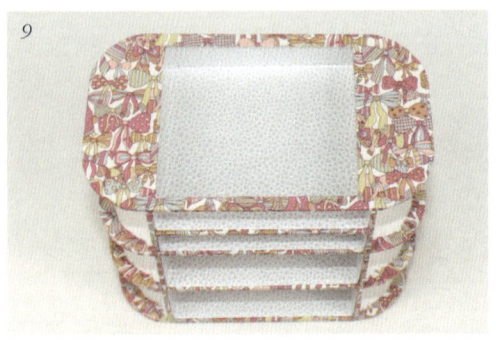

⑧을 ⑥의 상자 윗면에 맞추어 붙여요.

바닥에 가죽 종이를 붙여요.

켄트지를 날개 A6에 맞춰 잘라 원단에 붙인 뒤 시접은 아래쪽만 남기고 접어 붙여요.

⑪을 상자 날개 윗면에 붙이고 시접은 옆면에 붙여요.

13

옆면과 윗면에 가죽 종이를 붙여요. 남은 부분도 ⑪~⑬을 반복해 붙여요.

14

바닥 B1, 옆면 B2, 앞뒷면 B3 판지를 붙여 서랍을 만들어요. 원단을 붙이고 시접은 접어 붙여요.

15

⑮ 서랍 바깥 바닥에 가죽 종이를 붙여요.

16

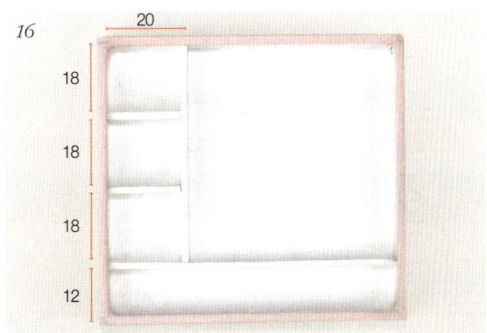

ⓐ, ⓑ, ⓒ 칸막이를 만들어요. 간격을 맞춰 서랍 안에 칸막이를 붙여요.

17

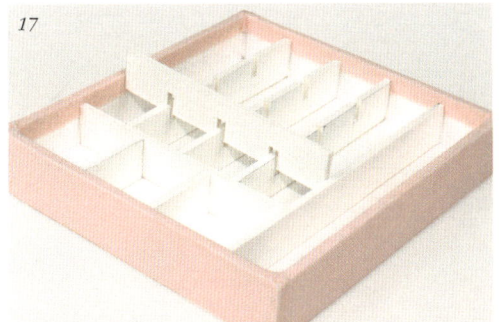

홈이 있는 ⓓ 칸막이를 만들어 끼워 서랍을 완성해요.

18

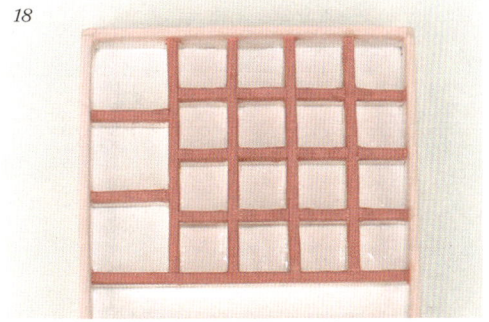

칸막이 윗부분에 원단을 붙여요.

액세서리 수납장

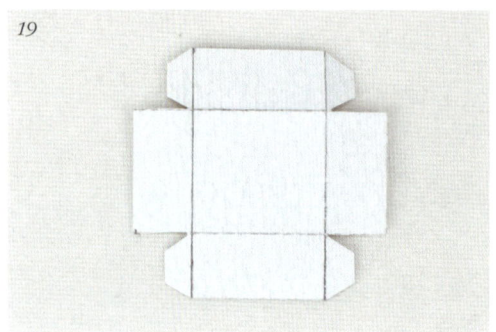

가죽 종이를 잘라 내지를 만들어요. 칸막이가 많은 작품에는 켄트지에 원단을 붙이는 것보다 가죽 종이나 일반 종이를 사용하는 것이 좋아요.

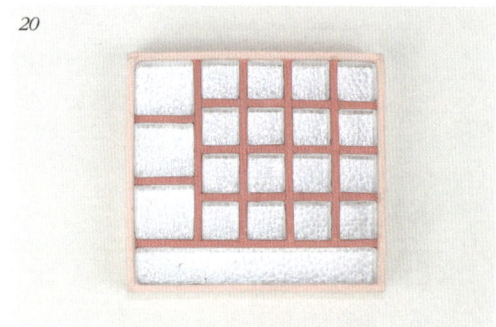

칸막이에 ⑲의 내지를 모두 붙여요.

나머지 서랍도 ⑭~⑳을 반복해 완성해요. 칸막이는 ⓒ, ⓕ로 만들어요.

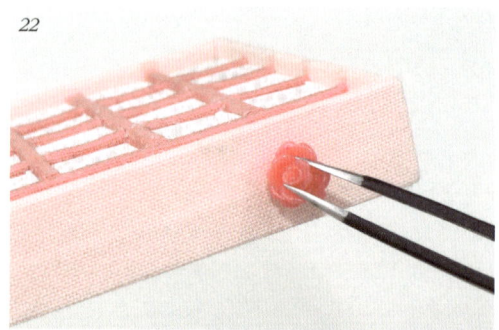

손잡이로 사용할 장식을 붙여요.

만드는 과정은 힘들었지만 완성된 수납장, 정말 예쁘죠?

05 수납 스툴
STORAGE STOOL

수납 스툴에 포근한 느낌의 소품을
담아 따뜻한 분위기를 연출해 보세요.

난이도 초급
준비물 2mm 판지 1장, 켄트지 1장, 가죽 종이,
원단, 원목 가구 다리 4개, 금속 핀 10개

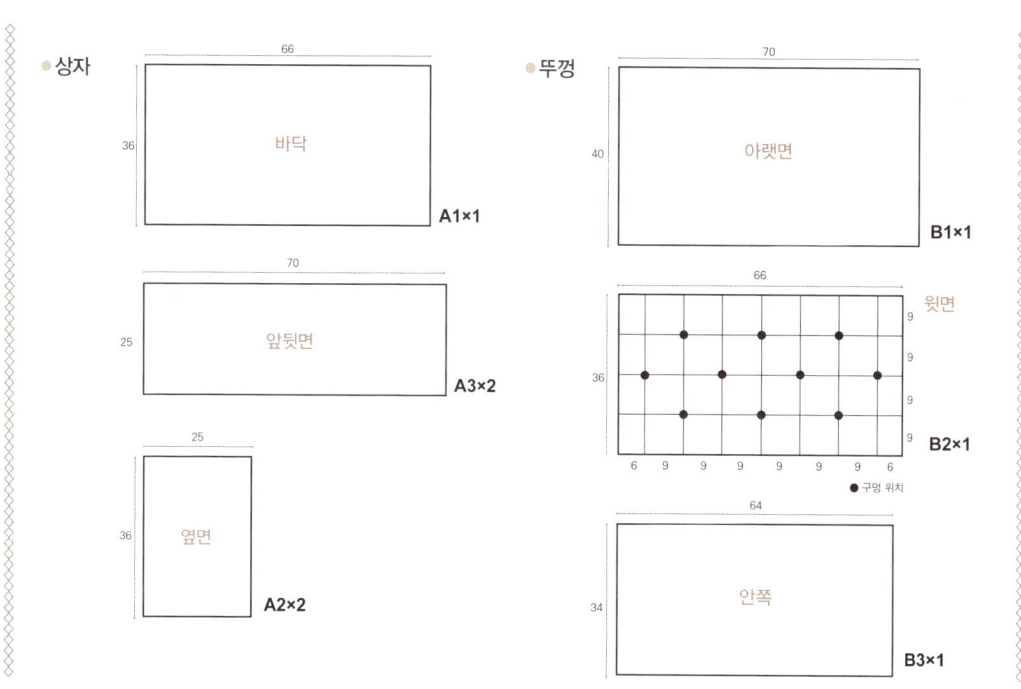

수납 스툴

1. 바닥 A1, 옆면 A2, 앞뒷면 A3 순으로 판지를 붙여 상자를 만들어요.

2. 상자를 원단으로 싸고 뒷면을 제외한 나머지 시접을 모두 접어 붙여요.

3. 켄트지를 바닥에 맞춰 잘라 원단을 붙이고 시접은 모두 접어 붙여요.

4. ②의 상자 바깥 바닥에 ③을 붙여요.

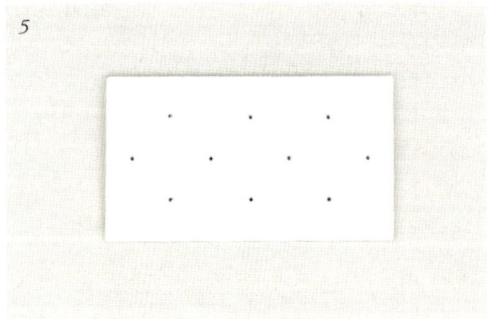

5. 윗면 B2 판지에 일정한 간격으로 구멍을 뚫어요.

6. 양면 테이프로 ⑤의 뚜껑에 솜을 붙여요.

7

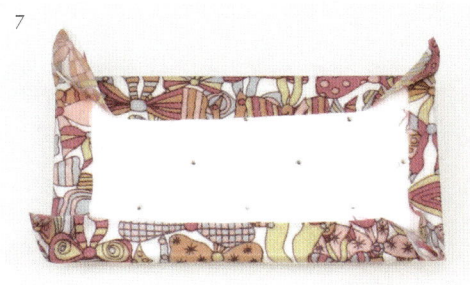

원단으로 싼 뒤 사방을 당기며 시접을 붙여요.

8

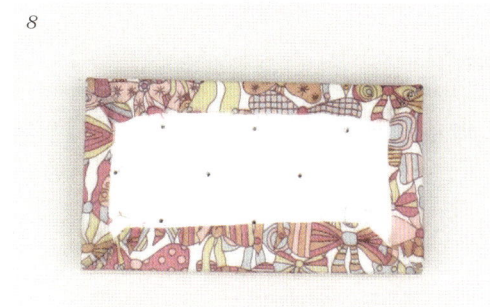

모서리 시접을 자른 뒤 모델러로 밀어 밀착시켜요.

9

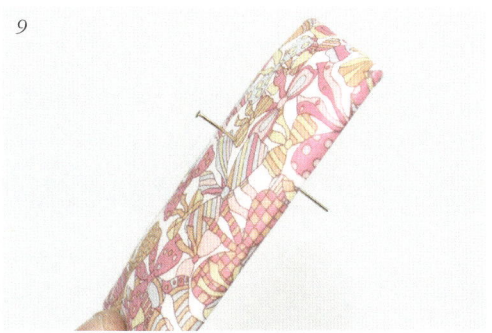

⑤에 뚫어 놓은 구멍에 맞춰 금속 핀을 꽂아요.

10

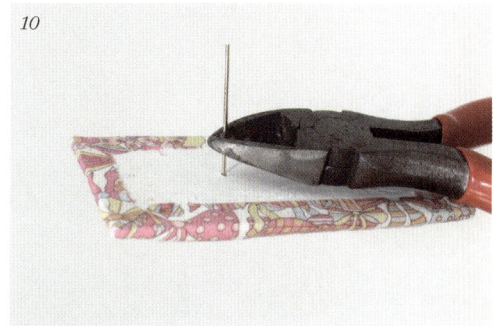

핀을 적당한 길이로 잘라요. 자를 때는 눈으로 튀지 않게 조심해요.

11

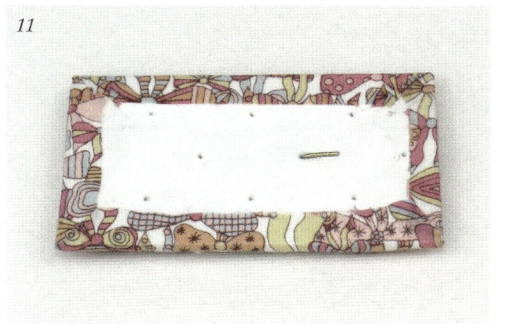

핀을 접어 고정해요.

12

⑨~⑪을 반복해 남은 핀을 고정해요.

수납 스툴

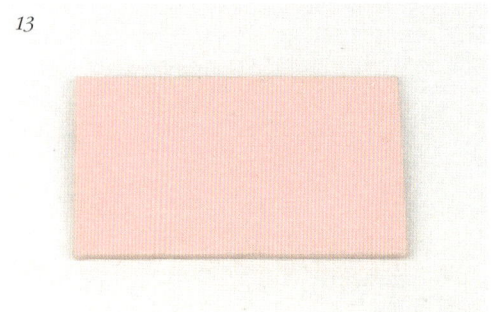

13

아랫면 B1 판지에 원단을 붙여요. 시접은 모두 접어 붙여요.

14

⑫와 ⑬을 붙여요.

15

②에 남겨 둔 상자의 시접으로 ⑭의 뚜껑을 붙여 연결해요.

16

연결 부위에 원단을 덧대요.

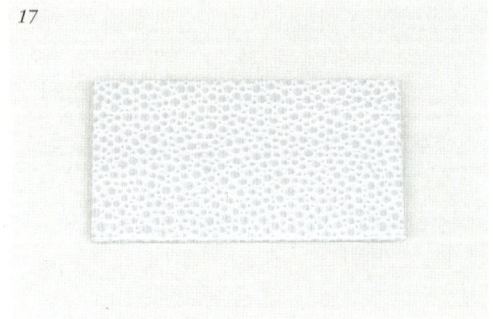

17

안쪽 B3에 가죽 종이를 붙여요.

18

⑰을 뚜껑 안쪽 붙여요. 이때 상자에 잘 들어가는지 맞추어 보면서 위치를 맞춰야 해요.

19

상자 안쪽에 가죽 종이나 종이를 붙여요.

20

상자 바닥 네 귀퉁이에 순간접착제로 가구 다리를 붙여요.

뚜껑이 열리는 수납 스툴은 의자인 동시에 멋진 수납공간이에요.

옷장
CLOSET

인형 의상과 소품의 사이즈에 맞추어 옷장 칸막이 간격을 조절해요!
옷장 겉면을 싸는 원단이나 종이도 의상, 소품과의 조화를 생각해 선택해요.

난이도 중급
준비물 2mm 판지 3장, 켄트지 3장, 원단, 가죽 종이, 손잡이 장식 3개, 나무 봉 2개

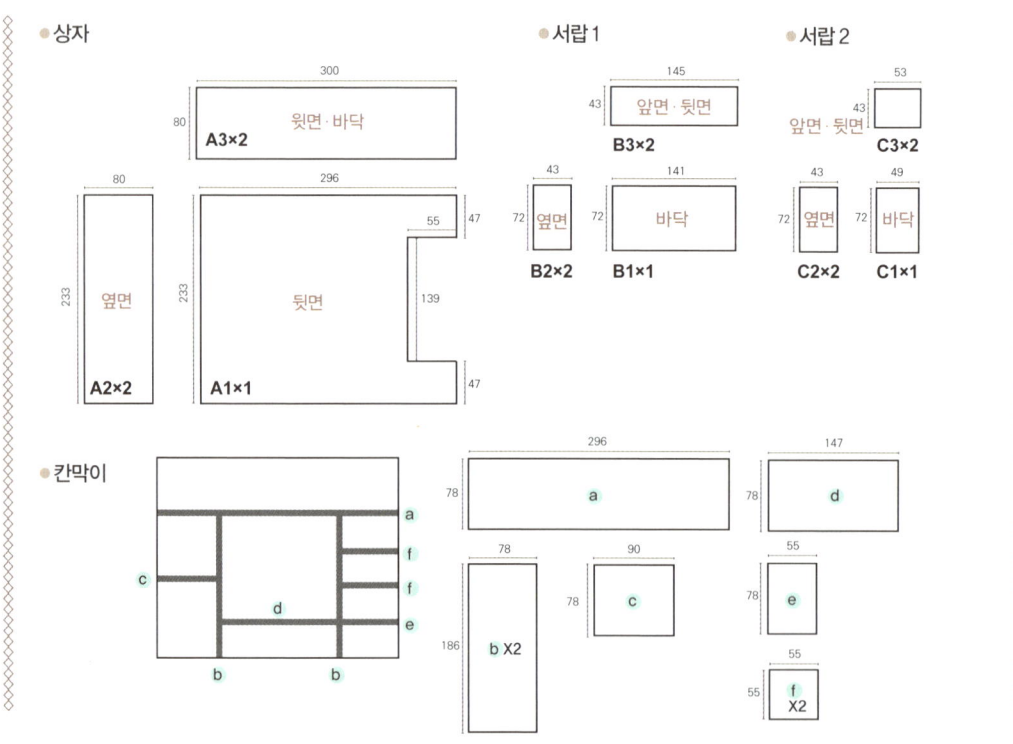

뒷면 A1, 옆면 A2, 윗면·바닥 A3 판지를 붙여 상자를 만들고 ⓐ 칸막이를 붙여요.

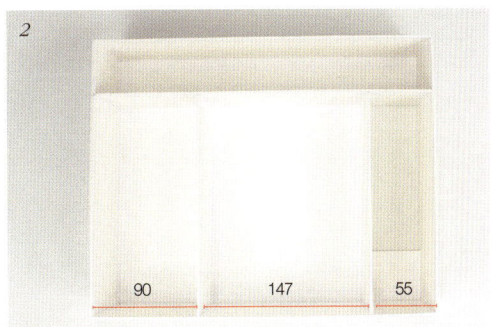

간격을 맞추어 ⓑ 칸막이도 붙여요.

간격을 맞추어 ⓒ~ⓔ 칸막이도 붙여요.

상자 뒷면을 제외한 겉면에 원단을 붙여요. 시접은 상자 안쪽으로 모두 접어 붙여요.

칸막이 앞 테두리에 원단을 붙여요.

뒷면에 남아 있는 테두리에도 원단을 붙여요.

옷장

7

가죽 종이를 뒷면에 붙여요. 가죽 종이 대신 켄트지에 원단을 붙여 사용해도 좋아요.

8

켄트지에 원단을 붙여 상자 안쪽에 붙여요. 무늬가 있는 종이를 붙여도 좋아요.

9

ⓕ 칸막이 판지에 원단을 붙여요. 시접을 사선으로 자르고 옆면에 붙일 시접만 남기고 접어 붙여요.

10

⑨에서 만든 칸막이를 ⑧에 붙여요.

11

안쪽 바닥과 윗면에 원단을 붙인 켄트지를 붙여요.

12

옆면 내지로 사용할 켄트지는 칸막이 두께만큼 홈을 만들어요. 원단을 붙이고 시접은 모두 접어서 붙인 뒤에 상자 옆면에 붙여요.

13

바닥 B1, 옆면 B2, 앞뒷면 B3 판지를 붙여 서랍을 만들어요. 겉면에 원단을 붙이고 시접은 접어 붙여요. 송곳으로 손잡이 구멍을 뚫어요.

14

원하는 모양의 금속 손잡이를 구멍에 끼워요. 손잡이를 서랍 안쪽에 고정해요(손잡이마다 고정 방법이 다를 수 있어요).

15

서랍 안쪽에 원단을 붙인 켄트지를 붙이고 서랍 바깥 바닥에는 가죽 종이를 붙여요. ⑬~⑮를 반복하여 작은 서랍도 만들어요.

16

길이를 맞추어 나무 봉을 옷장에 고정해요.

옷장에 우리 아가들을 위한
예쁜 옷들이 가득~
상상만으로도 행복해요.

07 원형 핸드백
CIRCULAR HANDBAG

가죽끈으로 짧게 손잡이를 만들면 토드백이 돼요.

난이도 중급
준비물 0.5mm 판지 1장, 켄트지 1장, 원단, 가죽 종이, 끈, 금속 체인, O링 2개, 솔트레지 1개

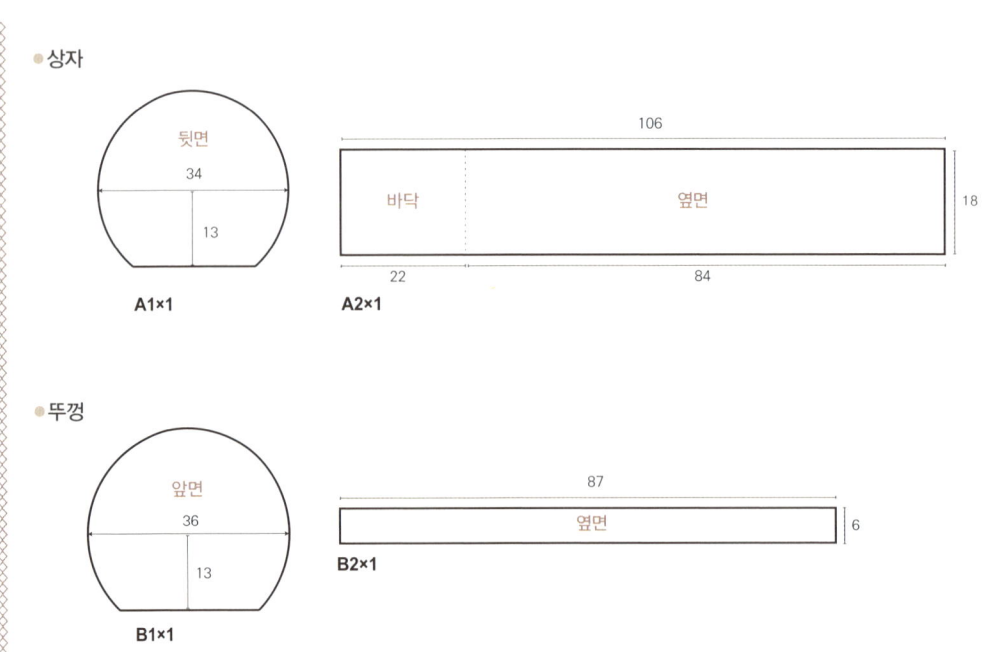

Circular Handbag

1

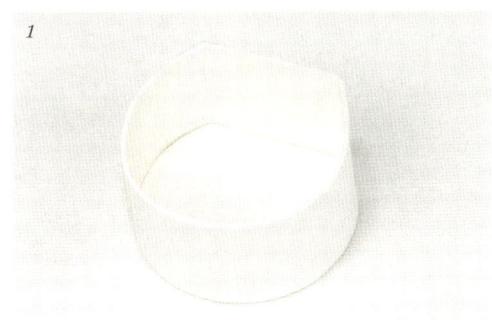

뒷면 A1, 바닥 · 옆면 A2 판지를 붙여 반원 형태를 만들어요.

2

옆면에 원단을 붙이고 바닥을 제외한 모든 시접을 접어 붙여요.

3

뒷면 시접은 핑킹가위로 잘라서 붙여요.

4

켄트지를 뒷면 A1에 맞춰 잘라 원단에 붙여요. 시접을 붙이고 ③의 상자 뒷면 바깥쪽에 붙여요.

5

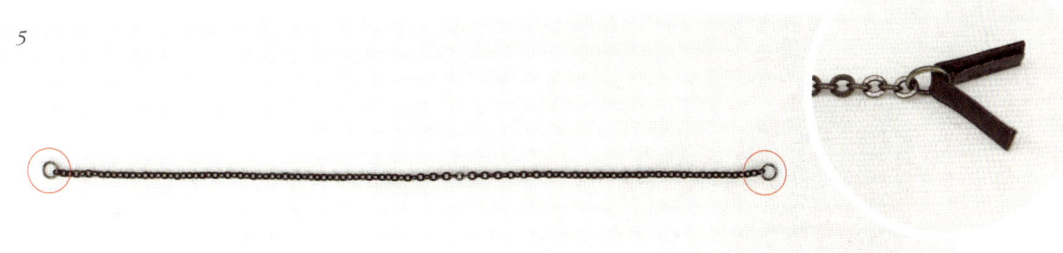

체인을 인형 사이즈에 맞춰 잘라 양 끝에 O링을 걸어요.
가죽 종이를 접어 붙여 O링에 끼워요.

원형 핸드백

커터칼로 상자에 ⑥을 끼울 구멍을 내요.

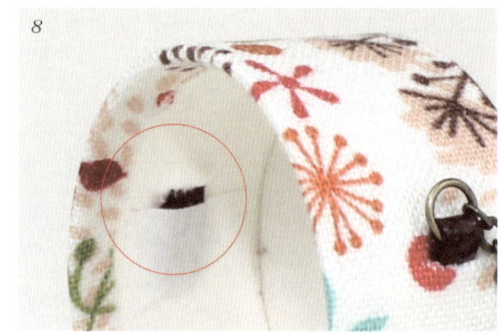

⑥을 끼우고 안쪽을 물테이프로 고정해요.

상자 윗부분에 구멍을 뚫고 솔트레지를 끼워요.

가죽 종이 테두리를 핑킹가위로 잘라요. 상자 뒷면 안쪽에 붙여요.

옆면에도 가죽 종이를 붙여요.

앞면 B1, 옆면 B2 판지를 붙여 뚜껑을 만들어요.

13

겉면에 원단을 붙인 뒤 시접을 모두 접어 붙여요.

14

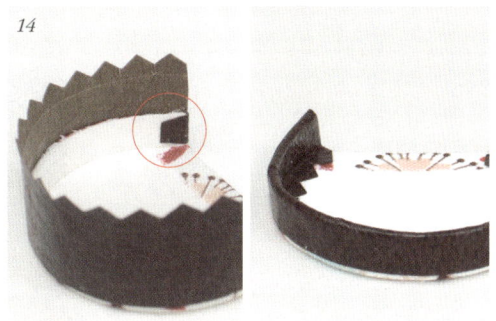

뚜껑 옆면에 가죽 종이를 붙인 뒤 시접 끝부분을 핑킹가위로 잘라요. 안쪽 옆면에 붙이고 모든 시접을 접어 붙여요.

15

⑪의 상자와 ⑭의 뚜껑을 연결한 뒤 바닥에 가죽 종이를 덧대 단단히 고정해요.

16

끈으로 매듭을 묶어 고리를 만들고 숄트레지와의 거리를 고려해 뚜껑에 붙여요.

17

남은 내지를 모두 붙여요.

08 카노티에
CANOTIER

모자 사이즈는 인형의 머리둘레에 맞춰 조절해서 만들어요.

난이도 초급

준비물 0.5mm 판지 1장, 켄트지 1장, 원단, 리본 약 20cm, 금속 장식 1개

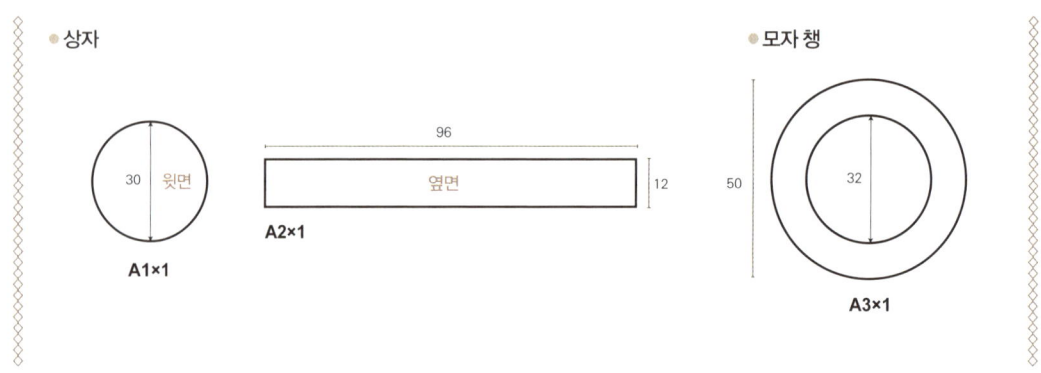

• 상자

A1×1 — 윗면 30
A2×1 — 옆면 96 × 12

• 모자 챙

A3×1 — 50 / 32

1 윗면 A1, 테두리 A2 판지로 원형 상자를 만들어요.

2 옆면을 원단으로 싼 뒤 시접은 모두 핑킹가위로 잘라요. 윗면의 시접만 접어서 붙여요.

3

켄트지를 윗면에 맞춰 잘라 원단에 붙이고 핑킹가위로 시접을 잘라 접어 붙여요. ②의 원형 상자 윗면에 붙여요.

4

모자 챙 A3 판지에 원단을 붙이고 핑킹가위로 시접을 잘라 접어 붙여요.

5

③의 모자에 ④의 모자 챙을 끼워요.

6

②에 남겨 두었던 시접을 테두리에 붙여 연결해요.

7

원단을 모자 챙에 맞춰 잘라 켄트지에 붙이고 바깥쪽 시접만 접어 붙여요.

8

원형 상자에 붙이고 안쪽에 남겨 둔 시접은 접어서 붙여요.

9

켄트지를 모자 윗면 안쪽에 맞춰 잘라 원단에 붙이고 시접은
핑킹가위로 잘라요.

10

⑨를 모자 안쪽에 붙이고 시접은 옆면에 붙여요.

11

켄트지를 옆면 A2에 맞춰 잘라 원단에 붙이고 시접은 짧은
한쪽만 남기고 접어서 붙여요.

12

모자 안쪽에 붙여요.

09 모자케이스
HAT BOX

모자 케이스는 보관할 모자 사이즈에 딱 맞춰 만들면 더 예뻐요. 이 케이스는 카노티에에 맞게 만들었어요.

난이도 초급
준비물 0.5mm 판지 1장, 켄트지 1장, 가죽 종이, 원단

• 상자

A1×1: 바닥, 지름 56
A2×1: 옆면, 180 × 30~35

• 뚜껑

B1×1: 윗면, 지름 60
B2×1: 옆면, 200 × 10~15

26 page 원형 만들기 : 상자의 ①~⑤, 1의 ①~⑩ 참고
뚜껑은 2의 ①~⑧ 참고

10 슈즈박스
SHOES BOX

접어서 만드는 상자는 붙일 때 4면의 높이를 잘 맞춰야 해요.

난이도 초급
준비물 1mm 판지 1장, 켄트지 1장, 가죽 종이, 원단

● 상자

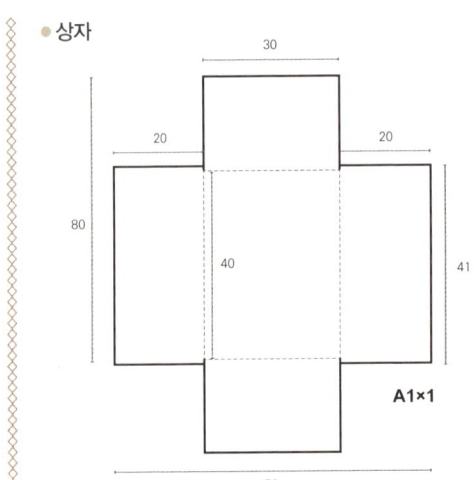

● 뚜껑

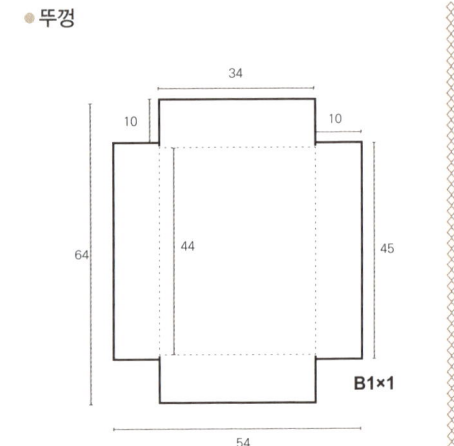

1

A1 판지로 상자를 만들어요.

2

원단으로 옆면을 싸고 바깥 바닥에 시접을 붙인 뒤 바깥 바닥에 가죽 종이를 붙여요.

3

위쪽 시접을 상자 안으로 접어 붙여요.

4

상자 안쪽 바닥에 붙일 종이나 가죽 종이를 잘라요.

5

옆면에 붙일 종이나 가죽 종이도 잘라 상자 안쪽에 넣어 모서리에 맞춰 접어요.

6

상자에 ④를 붙여요.

7

⑤에서 만든 내지도 상자 안쪽 옆면에 붙여요.

8

뚜껑 B1 판지로 뚜껑을 만들어요. 윗면에 원단을 붙이고 시접은 옆면에 붙여요.

슈즈 박스

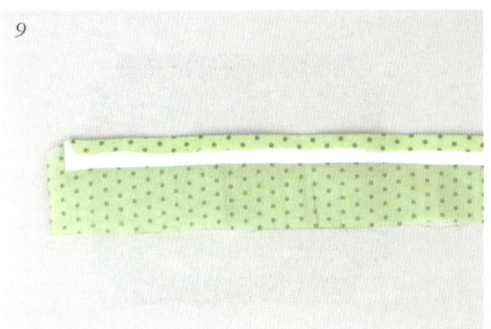

켄트지를 옆면에 맞춰 잘라 원단에 붙이고 오른쪽과 위쪽 시접을 접어 붙여요.

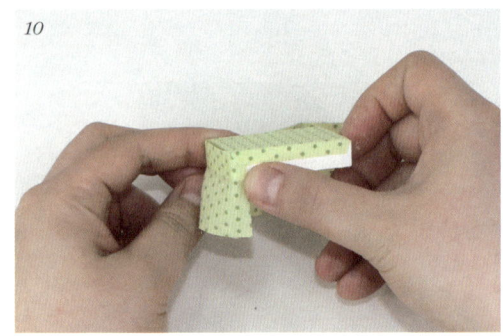

상자에 ⑨를 눌러 가며 붙여요.

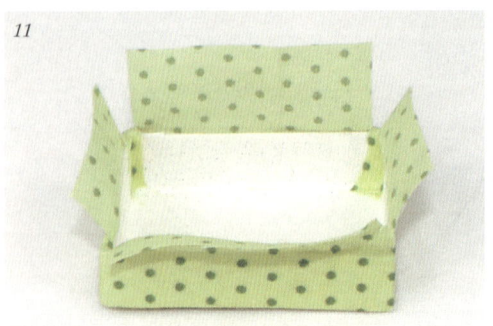

시접을 잘라 모서리에 붙여요.

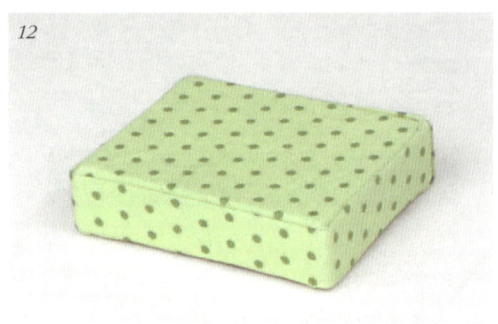

남은 시접을 접어 상자 안쪽에 붙여요.

안쪽 면에 종이나 가죽 종이를 붙여요.

인형의 예쁜 슈즈를 넣어 보관해요.

11 슈즈 컬렉션
SHOES COLLECTION

칸막이는 구두가 잘 보이도록
비스듬하게 붙여요.

난이도 중급

준비물 2mm 판지 1장, 1mm 판지 1장, 켄트지 1장, 컬러 종이, 둥근 리벳 4쌍, 레이스 400mm, 리본 600mm

● 상자

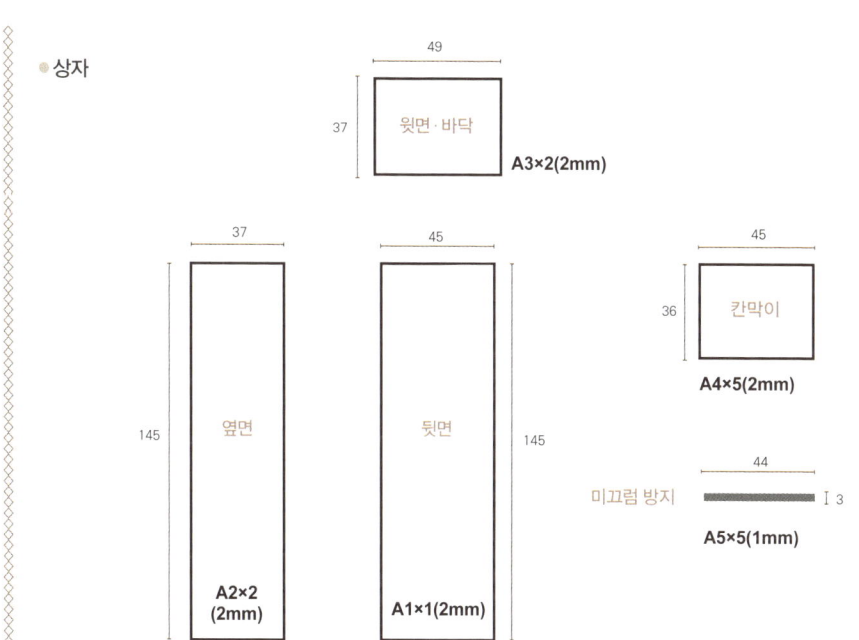

부품	크기	규격
윗면 · 바닥	49 × 37	A3×2(2mm)
옆면	37 × 145	A2×2(2mm)
뒷면	45 × 145	A1×1(2mm)
칸막이	45 × 36	A4×5(2mm)
미끄럼 방지	44 × 3	A5×5(1mm)

117

1

뒷면 A1, 옆면 A2, 윗면·바닥 A3 순으로 판지를 붙여 상자를 만들어요. 겉면에 원단을 붙이고 시접을 정리해요.

2

바닥 면에 송곳으로 구멍을 뚫어요.

3

바닥 구멍에 리벳 장식을 고정해요.

4

종이를 잘라 상자 뒷면에 붙여요.

5

칸막이로 사용할 판지를 종이에 붙여요.

6

나머지 면도 붙이고 시접 모서리를 사선으로 자른 뒤 접어요.

7

구두를 올렸을 때 구두가 잘 보일 수 있게 칸막이를 비스듬하게 붙여요.

8

중간에 붙이는 칸막이는 시접을 양쪽으로 살려 칸막이를 만들어요. 이때 모서리는 사선으로 잘라요.

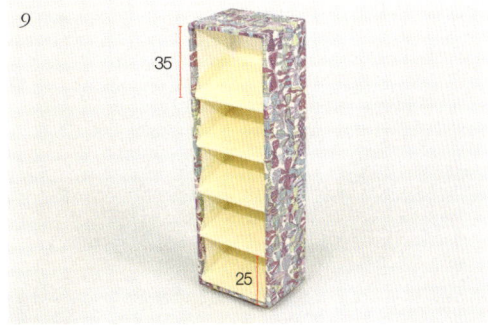

9

칸막이는 신발 크기를 고려해 적당한 간격을 두고 붙여요(여기에서는 25mm 간격으로 만들었어요).

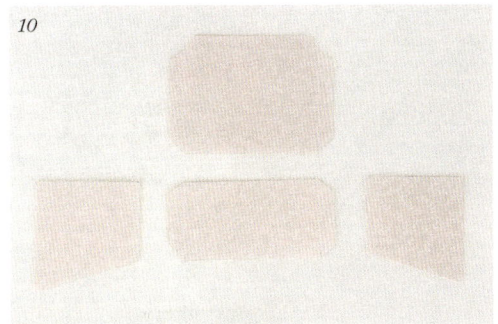

10

내지로 사용할 컬러 종이를 잘라요.

11

⑩의 내지를 붙여요.

슈즈 컬렉션

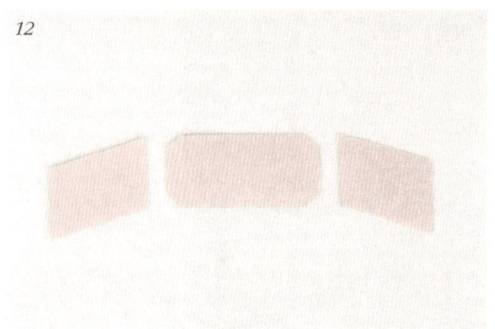

중간 칸은 내지용 컬러 종이 3장만 자르면 돼요.

칸막이 사이에 ⑫의 내지를 붙여요.

홀더 A5 판지를 컬러 종이에 붙인 뒤 감싸요.

⑭를 신발이 미끄러지지 않도록 앞쪽에 붙여요.

아가의 신발을 채워 슈즈 컬렉션을 완성해 봐요.

마리로제 작가의 슈니봉봉

마리로제의 1/6 사이즈 인형 대표 시리즈인 슈니봉봉은 눈처럼 하얀 피부와 신비한 눈매에 많은 인형 마니아를 빠져들게 해요.

핸드 페인팅으로 하나하나 정성스럽게 작업해서 우아하면서도 화려하여 2016년 첫 출시 이후에 많은 사랑을 받으며 인형 마니아들이 애타게 기다리는 인형 시리즈 중 하나입니다.

2016년에 출시된 블루데이지 슈니봉봉은 핑크빛 머릿결에 파란색 보닛을 쓴 아름다운 모습으로 많은 인형 마니아의 사랑을 받았답니다. 슈니봉봉의 매력이 궁금하시다면 '마리로제'를 방문해 보세요.

- 홈페이지 marierose.co.kr
- 블로그 liebemarie.blog.me
- 연락처 liebemarie@naver.com

Schnee BON BON

PART 3

그녀의 작은 정원
Little Garden

플라워 숍
FLOWER SHOP

아름다운 꽃은 누구에게나 설렘으로 다가오죠.
프리저브드 플라워를 이용해 예쁜 플라워 숍을 만들어 보세요.
심심하던 공간에도 꽃을 더하면 생생함이 퐁퐁 묻어나요.

1   다양한 색상과 소재의 리본을 걸어 플로리스트의 리본 걸이를 만들어요.

2   생활용품점에서 쉽게 볼 수 있는 작은 의자를 놓는 것만으로도 인테리어가 완성돼요. 작은 바스켓에 프리저브드 플라워를 담아 벽에 붙여도 좋아요.

3   평범한 테이블도 페이퍼 홀더를 달면 플라워 숍 테이블이 돼요. 디테일한 소품이 돌 하우스에 온기를 불어넣어 줘요

4   인테리어 숍에서 구매한 작은 마차에 미니어처 화분을 가득 실었어요. 어렵지 않게 꽃마차가 완성되었어요.

5   다양한 가구와 소품으로 꾸며 보세요. 장식하는 것에 따라 플라워 숍은 물론 책방, 카페 등으로 다양하게 연출할 수 있어요.

01 아리의 꽃집
ARI'S FLOWER SHOP

조경용 돌과 나무를 붙일 때는 무거운 것으로 살짝 눌러 주면 잘 붙어요.

난이도 고급

준비물 2.5mm 판지 2절 4장, 켄트지 2절 4장, 원단, 가죽 종이, 30×10mm 자석 4개, 투명 아크릴, 돌, 징검다리·창틀용 나무, 무늬 종이, 목공예 마감재

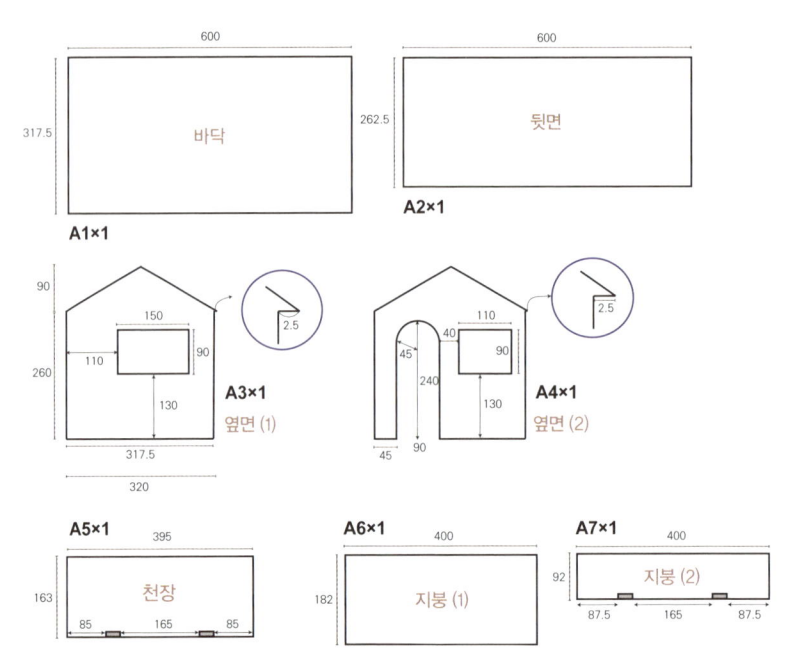

바닥 A1과 뒷면 A2 판지를 붙여요. 여기에 옆면(1) A3와 옆면(2) A4 판지를 붙여 기본 뼈대를 만들어요.

천장 A5 판지에 자석을 붙여요(지붕을 여닫을 수 있게 하는 장치예요).

②를 옆면(1)·(2) 사이에 붙여 고정해요. 자석은 지붕(2) A7과 맞닿아야 하니 방향에 주의해요.

원단으로 옆면을 싼 뒤 시접은 상자 안쪽으로 접어 붙여요.

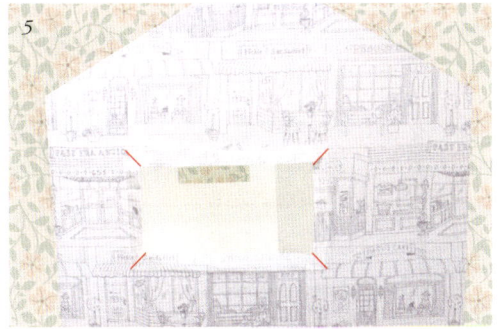

창문의 시접을 자른 뒤 모서리는 사선으로 잘라요.

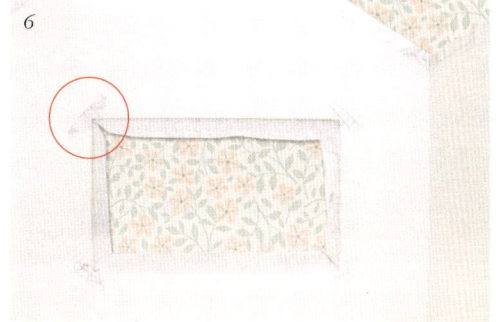

틈새로 판지가 보이지 않도록 안쪽 모서리에 원단 조각을 덧대고 시접을 접어 붙여요.

상자 바닥에 가죽 종이를 붙여요.

옆면(2)와 바닥이 만나는 부분의 시접을 자른 뒤 모든 시접을 접어 붙여요.

옆면(2)의 바깥 면에 원단을 붙여요. 시접을 모두 접어 붙여요.

지붕 안쪽에 가죽 종이를 붙여요.

지붕(2) 판지에 자석을 붙여요. ④와 맞닿아야 하니 방향에 주의해요.

가죽 종이에 지붕(1) A6와 지붕(2) A7 판지를 5mm 정도 간격을 두고 붙여요.

시접을 접어 판지에 붙여요.

지붕을 열었을 때 보이는 면에 가죽 종이를 붙여요. 지붕이 잘 접힐 수 있도록 폴더로 판지 사이를 눌러요.

상자에 지붕을 붙여요. 상자 안쪽 바닥면에 무늬 종이를 붙여요. 대리석이나 나무 느낌의 종이로 바닥 느낌을 살려요.

투명 아크릴을 창문 크기에 맞추어 잘라 붙여요.

상자 안쪽 뒷면과 옆면, 천장에 무늬 종이를 붙여요.

뒷면 바깥쪽에 벽돌 무늬 종이를 붙여 담장을 표현해요.

19

20

본드로 둥근 나무 조각을 붙여 징검다리를 만든 뒤 조경용 돌을 붙여요. 한 번에 잘 붙지 않으니 조금씩 나누어 붙이고 여러차례 말리면 떨어지지 않게 촘촘히 붙일 수 있어요.

나무를 잘라 붙여 창틀을 만들어요. 붙이기 전에 목공예 마감재를 발라 두면 변색을 막을 수 있어요.

플라워숍 룸 박스가 완성되었어요! 어울리는 가구와 소품, 색색의 식물로 향기로운 공간을 만들어요.

02 장식장
DISPLAY CUPBOARD

패턴이 있는 원단은 앞면의 그림만 맞추어 주면 하나의 작품처럼 완성도가 높아져요.
상부장 옆면의 곡선과 선반 위치는 소품 크기에 따라 조절해요.

▸ **난이도** 고급
▸ **준비물** 2mm 판지 1장, 켄트지 1장, 원단, 가죽 종이

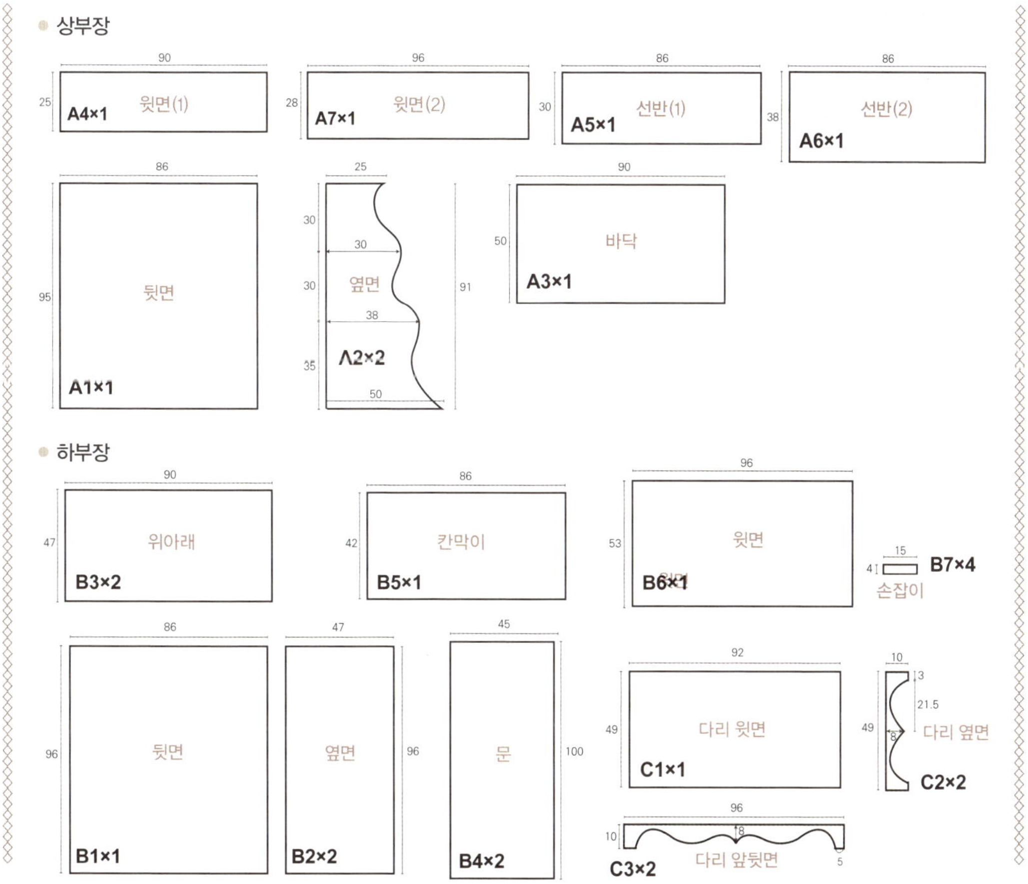

● 상부장

25 × 90	28 × 96	30 × 86	38 × 86
A4×1 윗면(1)	A7×1 윗면(2)	A5×1 선반(1)	A6×1 선반(2)

- 뒷면 86×95 A1×1
- 옆면 A2×2 (25 / 30 / 30 / 38 / 35 / 50, 높이 91)
- 바닥 90×50 A3×1

● 하부장

90×47 위아래 B3×2	86×42 칸막이 B5×1	96×53 윗면 B6×1	15×41 손잡이 B7×4

86×96 뒷면 B1×1	47×96 옆면 B2×2	45×100 문 B4×2	92×49 다리 윗면 C1×1	10×49 다리 옆면 C2×2 (3 / 21.5 / 18)

96×10×5 다리 앞뒷면 C3×2

장식장

1

뒷면 A1, 옆면 A2, 바닥 A3, 윗면(1) A4 판지로 상자를 만들어요. 옆면과 뒷면에 원단을 붙이고 시접도 모두 붙여요.

2

위아래, 앞쪽 테두리에 원단을 붙여요.

3

선반(1) A5, 선반(2) A6 판지에 가죽 종이를 붙인 후 시접은 접어 두어요.

4

③의 시접을 이용해 ②에 붙여 고정해요.

5

칸막이 안쪽에 켄트지와 원단을 이용해 내지를 붙여요.

6

윗면(2) A7 판지에 원단을 붙인 뒤 시접을 모두 접어 붙여요.

7

상자 윗면에 ⑥를 붙여요.

8

뒷면 B1, 옆면 B2, 위아래 B3 판지를 차례로 붙여 상자를 만들어요.

9

원단으로 양쪽 시접은 남기고 나머지 시접은 접어 붙여요.

10

위아래 앞쪽에 원단을 붙여요.

11

문 B4 판지를 원단에 붙이고 시접은 모두 접어 붙여요. 무늬가 있는 원단이라면 패턴을 맞추어 붙여요.

12

⑩의 남겨 둔 시접으로 ⑪의 문을 연결해요.

장식장

높이가 있는 상자에 붙일 때는 여분의 판지로 받쳐 두면 편리해요.

장식장 문 안쪽에 캔트지와 원단으로 내지를 붙여요. 오른쪽 문도 ⑫~⑭를 반복해 완성해요.

③과 같이 칸막이를 만들어 붙여요.

하부장 안쪽에 가죽 종이를 붙여요.

윗면 B6 판지를 가죽 종이에 붙여요. 시접을 접어 붙인 뒤에 ⑯ 상단에 붙여요.

손잡이를 붙여요. 만드는 방법은 139쪽 ⑫를 참고하세요.

Display Cupboard

19

다리 윗면 C, 다리 옆면 C2, 다리 앞뒷면 C3 판지를 순서대로 붙여 장식장 다리를 만들고 겉면을 가죽 종이로 싸요.

20

⑰, ⑱, ⑲를 붙이면 장식장이 완성돼요.

작은 유리병에 클레이로 만든 과일들을 잘라넣어요.

그림이 그려진 예쁜 그릇을 세워요.

이쑤시개를 이용하여 그릇 선반을 만들어요.

하부장에 남은 그릇들을 차곡차곡 쌓아넣어요.

03 도어형 장식장
DISPLAY CUPBOARD

상자와 문의 사이즈 · 위치를 잘
맞추어 만들어요.

난이도 고급

준비물 2mm 판지 1장, 켄트지 1장, 원단, 가죽
종이, 아크릴, 거울 필름, 10×50mm 자석
2개

● 상부장

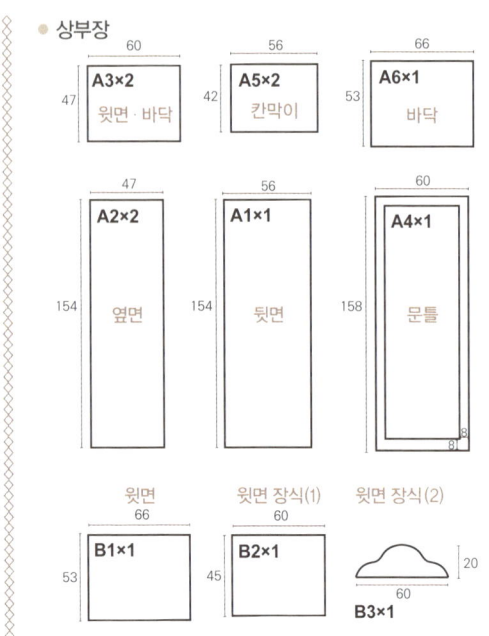

● 하부장

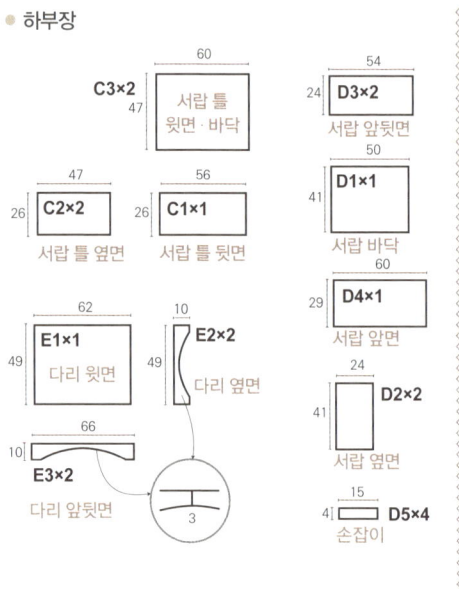

Display Cupboard

1

옆면 A2 판지에 자석을 붙이고 뒷면 A1, 옆면 A2, 위아래 A3 판지를 순서대로 붙여 상자를 만들어요.

2

겉면에 원단을 붙여요. 시접은 오른쪽만 남기고 모두 접어 붙여요. 위아래 앞쪽 테두리에 원단을 덧대요.

3

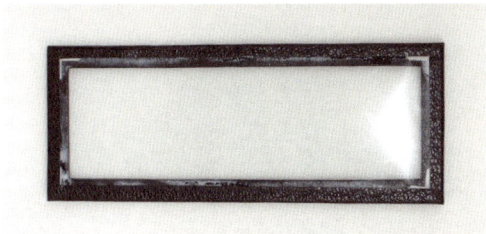

문틀 A4 판지에 자석을 붙인 뒤 가죽 종이에 붙여요. 안쪽 모서리에 가죽 종이를 덧대고 시접은 접어 붙여요. 바깥쪽 시접 모서리는 대각선으로 자르고 투명 아크릴을 붙여요. 남은 시접을 모두 접어서 붙여요.

4

남겨 둔 ②의 시접으로 ③을 연결하고 원단을 덧대요. 문틀에 가죽 종이를 붙여요.

7

칸막이 A5 판지를 가죽 종이에 붙이고 시접은 모두 바깥쪽으로 접어요.

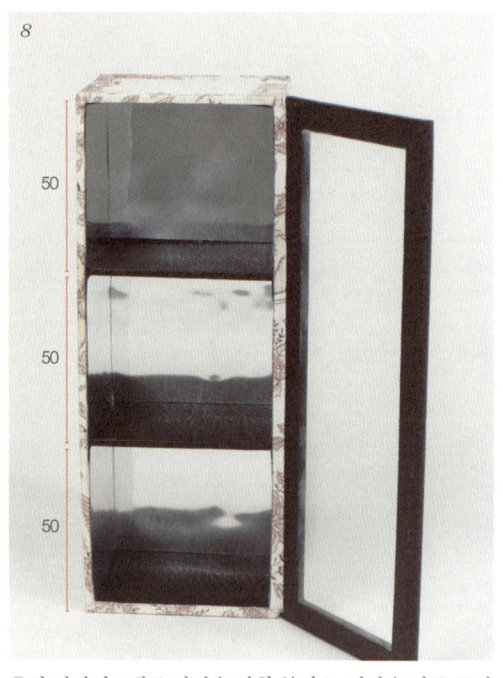

8

⑦의 칸막이 2개를 간격을 맞춰 붙여요. 바닥은 가죽 종이를 붙이고 나머지 면에는 거울 필름을 붙여요.

9

뒷면 C1, 옆면 C2, 위아래 C3 판지를 순서대로 붙여 상자를 만든 후 원단을 붙인 뒤 시접을 접어 붙여요. 위아래 앞면 테두리에 원단을 덧댄 후 안쪽에는 가죽 종이를 붙여요.

10

서랍 바닥 D1, 옆면 D2, 앞뒷면 D3 판지를 순서대로 붙여 상자를 만들고 가죽 종이로 서랍을 만들면 매끄럽게 잘 열려요.

11

서랍 앞면 D4 판지를 원단에 붙여 시접 모두 접어 붙인 뒤 ⑩에 붙여요.

12

13

손잡이 D5 판지 2개를 붙여 가죽 종이로 감싸 손잡이 2개를 만들어요. 완성된 손잡이는 상·하부장에 각각 붙여요.

윗면 E1, 옆면 E2, 앞뒷면 E3 판지로 다리를 만들어 가죽 종이로 싼 뒤 시접을 접어 붙여요. 바닥 A6, 윗면 B1판지를 가죽 종이로 싼 뒤 도어형 장식장 위아래에 붙여요.

14

윗면 장식(1) B2, 윗면 장식(2) B3 판지로 장식을 만들고 원단으로 싸요.

15

먼저 ⑭의 장식을 붙이고 상자를 모두 붙여 완성해요.

바스켓에 프리저브드 플라워를 담아 도어형 장식장에 진열해 봐요.

04 리본걸이
RIBBON RACK

리본 걸이의 리본 양을 다르게 감아 두면 좀더 자연스럽게 연출할 수 있어요.

난이도 중급

준비물 1mm 판지 1장, 켄트지 1장, 원단, 가죽종이, 솔트레지 1개, 나무 봉 1개, 리본

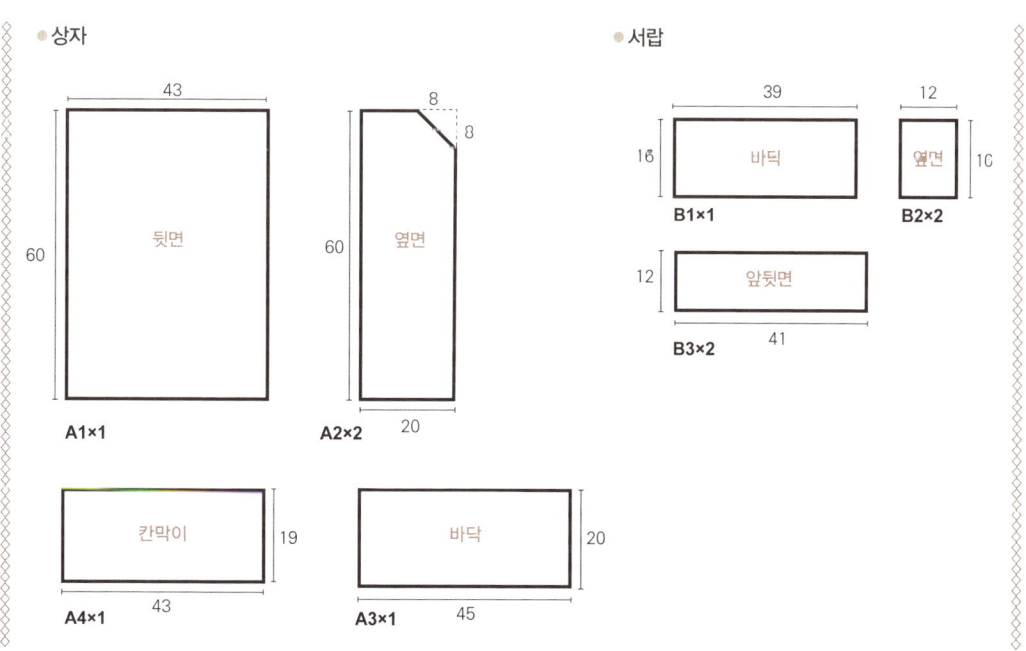

리본걸이

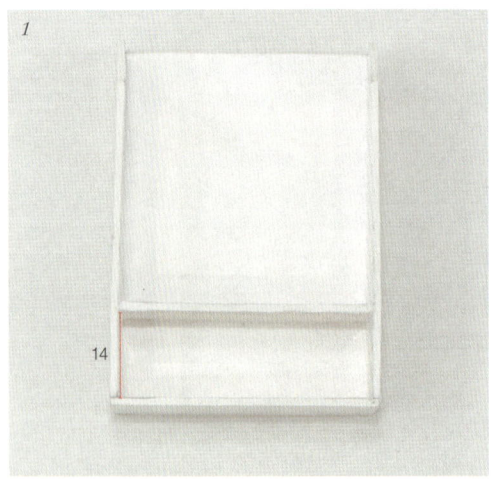

1

2

뒷면 A1, 옆면 A2, 바닥 A3, 칸막이 A4 판지를 붙여 상자를 만들어요.

가죽 종이로 상자를 싼 뒤 시접을 접어 붙여요. 이때 칸막이 부분의 시접은 잘라서 붙여요.

3

4

상자 바닥 면에 가죽 종이를 붙여요. 남은 시접을 상자 안으로 접어 폴더로 밀착시켜 붙여요.

칸막이에 붙일 가죽 종이를 잘라 준비해요.

5

6

①에 준비한 가죽 종이를 상자 안쪽에 붙여요.

가죽 종이를 잘라 상자 안쪽에 붙여요. 서랍이 잘 열릴 수 있게 물테이프나 매끄러운 종이를 서랍 안쪽 바닥에 붙여요.

Ribbon Rack

7

바닥 B1, 옆면 B2, 앞뒷면 B3 판지로 상자를 만들어 원단으로 싼 뒤 시접을 접어 붙여요.

8

서랍 바닥에 맞게 자른 켄트지에 원단을 붙이고 시접은 접어 붙인 뒤 바닥에 붙여요.

9

서랍에 구멍을 뚫고 솔트레지를 끼워요. 가죽 종이를 서랍 안쪽에 붙여요.

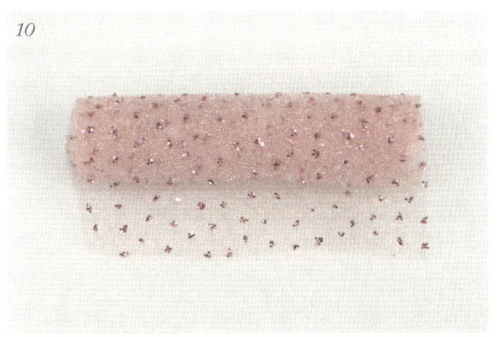

10

나무 봉을 상자 안쪽 가로 길이에 맞춰 자른 뒤 리본과 레이스를 감아 풀리지 않게 고정해요.

14

높이를 맞춰 상자에 붙여요.

리본걸이는 플로리스트의 필수 소품이죠!

05 테이블
TABLE

테이블은 테이블 보만 바꾸어도
색다른 분위기를 연출할 수 있어요.

- **난이도** 초급
- **준비물** 2mm 판지 1장, 1mm 판지 1장, 원단, 가죽 종이, 솔트레지 2개, 나무 봉 1개, 리본, 원목 가구 다리 4개

● 상자 (2mm)

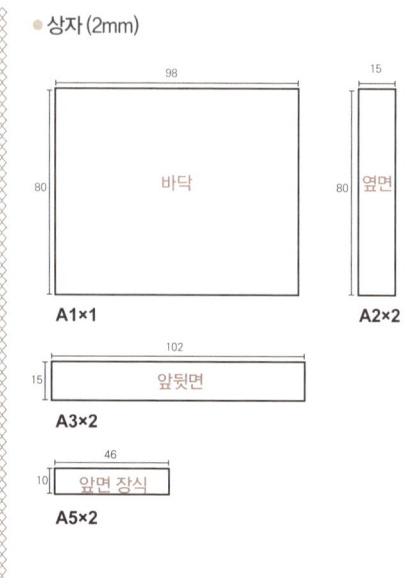

● 상판 (2mm)

● 페이퍼 홀더 (1mm)

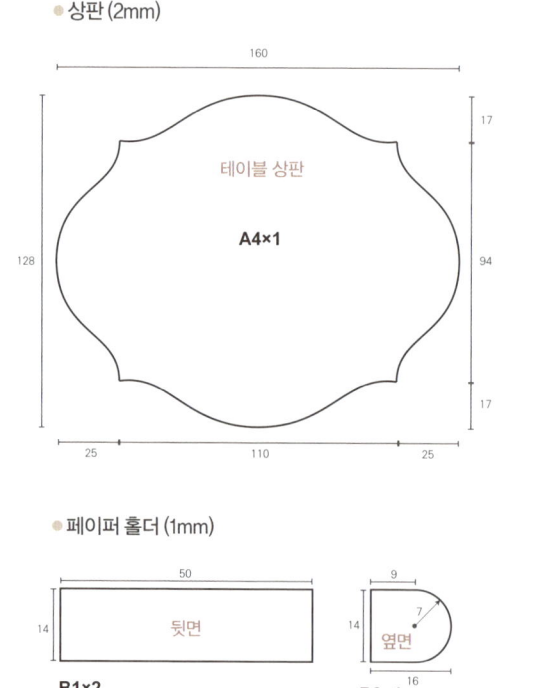

1

테이블 상판 A4 판지에 원단을 붙이고 시접은 핑킹가위로 잘라 접어 붙여요.

2

테이플 상판 바닥 면에 가죽 종이를 붙여요.

3

상자 바닥 A1, 옆면 A2, 앞뒷면 A3 판지로 상자를 만들어 가죽 종이로 싼 뒤 시접을 접어 붙여요.

4

서랍 바깥 바닥 면에 가죽 종이를 붙여요.

5

완성한 서랍을 테이블 상판 아랫면에 붙여요.

6

앞면 장식 A5 판지를 원단으로 싸고 시접을 접어 붙여요. 구멍을 뚫어 솔트레지를 단후 ⑤에 붙여요.

테이블

7

윗면 B1, 옆면 B2 판지로 걸이를 만든 후 가죽 종이를 붙이고 시접은 접어 붙여요. 곡선 부분은 핑킹가위로 시접을 잘라 붙이는 것이 좋아요. 가죽 종이를 걸이 안쪽 면에 붙여요.

8

나무 봉을 ⑦ 사이즈에 맞춰 자른 뒤 무늬 종이를 말아 풀리지 않게 본드로 고정해요.

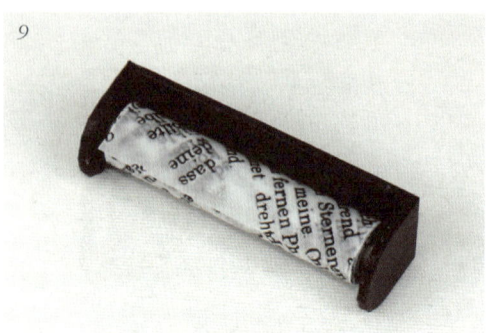

9

⑦을 ⑧에 붙여요.

10

⑥의 테이블에 ⑨를 붙여요.

11

나무 다리를 테이블에 붙여요. 다리 길이가 동일해야 안정감 있는 테이블이 완성돼요.

멋진 플로리스트의 테이블 완성!

커피 향 가득한 카페 만들기

장식장에 예쁜 그릇을 진열하고 테이블 위에는 작은 화병과 티 포트, 찻잔과 티 푸드로 카페 분위기를 연출해요. 예쁜 아가들이 나른한 오후의 티 타임을 즐길 수 있어요.

야외 정원에는 볶은 원두와 커피잔을 준비해요.
따스한 봄 햇살을 만끽하며 커피 한잔을 즐기는 여유!

아가들의 작은 티 테이블은 작은 그릇과 꽃을 담은 화병,
그리고 클레이로 만든 마카롱 등 티 푸드만 준비하면 끝!

06 계단식 화단
FLOWER BED

화분이 잘 보일 수 있게 화분의 높이에 따라 단 높이도 조절해요.

난이도 중급
준비물 2mm 판지 1장, 켄트지 1장, 무늬 종이

● 상자

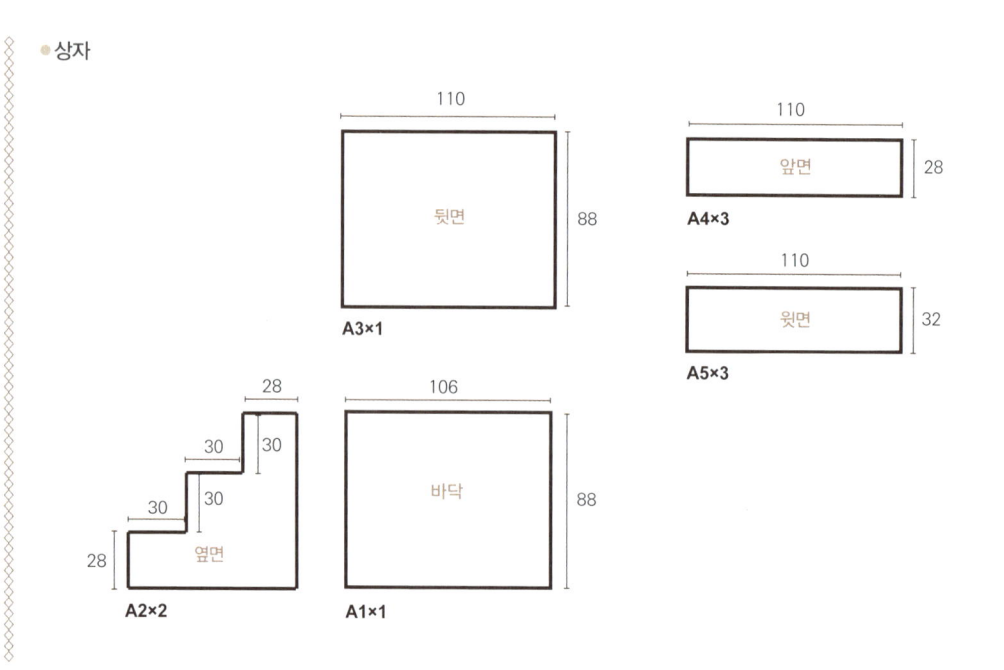

바닥 A1, 옆면 A2, 뒷면 A3 판지를 순서대로 붙여 상자를 만들어요.

앞면 A4 판지를 ①에 붙여요.

윗면 A5 판지를 ②의 윗부분에 붙여요.

②~③를 반복해 계단 모양의 상자를 만들어요.

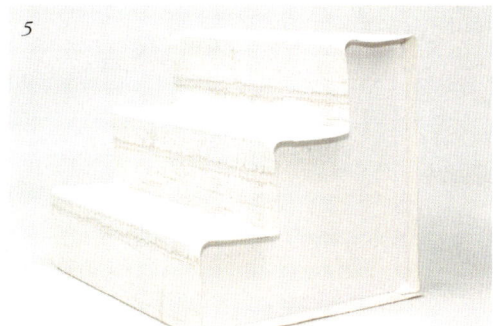

원단이나 종이로 ④의 상자를 싸요. 모서리가 잘 살도록 풀더로 밀착시키며 붙여요.

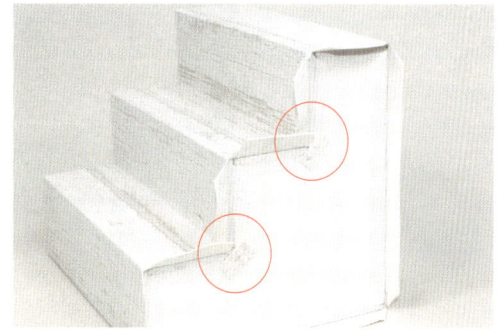

모서리 시접은 사선으로 잘라요. 옆면 모서리 안쪽에 판지가 보이지 않게 원단이나 종이 조각을 덧대요.

계단식 화단

시접을 접어 상자에 붙여요.

옆면에 원단이나 종이를 붙여요.

마음에 드는
프리저브드 플라워화분으로
나만의 작은 정원을
꾸며 볼까요?

Column 06

프리저브드 플라워
Preserved Flower

사부작 스튜디오의 프러포즈 박스와 메모보드

프리저브드 플라워는 생화의 수분을 제거하고 보존액 처리를 하여 장기간 보존할 수 있게 만든 꽃이에요. 수분을 뺀 드라이 플라워보다 색감과 질감이 더욱 생생하해요. 생화의 유연함을 지니고 있어 다양한 기법으로 꽃의 형태를 바꾸어 원하는 모양을 만들 수 있답니다.

햇빛과 수분에 약하지만 실내에서 보관한다면 약 1~3년 정도 모양과 색상을 유지할 수 있어요.

까또나주를 활용해 상자를 만들고 프리저브드 플라워 장식을 더해 화려하고 아름다운 작품을 만들어 보세요.

프리저브드 플라워 새료는 인터넷 사이트에서 쉽게 구할 수 있고, 오프라인으로는 고속버스 터미널역 화훼 상가에서 구매할 수 있어요.

꽃수레
FLOWER WAGON

꽃수레의 포인트는 꽃이에요!
꽃을 낮게 꽂아야 예쁘게 완성할 수
있어요.

난이도 고급

준비물 장식용 수레, 프리저브드 플라워,
오아시스, 글루건, 본드

1
글루건을 이용해 수레에 오아시스를 고정해요.

2
오아시스가 보이지 않을 만큼 본드로 이끼를 붙여요.

본드로 프리저브드 플라워(수국)를 고정해요.

풍성하고 넘쳐 수레가 보이도록 꽃을 붙여요.

④의 수레에 포인트가 되는 꽃을 붙여요.

4면을 돌려보며 빈곳이없는지 확인하면서 꽃을 채워요.

08 화분
FLOWER POT

바구니를 매달거나 고정할 때
낚시줄을 이용하면 깔끔하고
편리해요.

난이도 중급

준비물 미니어처 화분, 프리저브드 플라워,
장식용 돌, 이끼, 오아시스

1

글루건을 이용해 미니어처 화분에 오아시스를 고정해요.

2

오아시스가 보이지 않을 만큼 본드로 이끼를 붙여요. 이끼
대신 장식용 돌을 사용해도 좋아요.

4

원하는 프리저브드 플라워를 본드로 고정하면 완성이에요.

여러 개의 작은 꽃을 색을 맞춰 심어요.

같은 색의 꽃을 여러 개 심는것도 예쁩답니다.

프리저브드 플라워가 대신 드라이 플라워도 좋아요.

색을 맞추는 것이 자신 없다면 커다란 꽃 하나만 심는 것도 예뻐요.

좀 더 풍성하게 만들고 싶다면 바스켓을 활용해 보세요.
바스켓을 이용하면 외출할 때 들고 나갈 수도 있답니다.

화려한 꽃이 아니어도 유칼립투스 한 줄기라면 향기도 채울 수 있어요.

주변의 작은 소품에 꽃 몇 송이만 꽂아도 예쁩답니다.

09 꽃상자
FLOWER BOX

꽃은 본드를 이용해야
쉽게 떨어지지 않아요.

난이도 고급
준비물 미니어처 상자, 오아시스, 이끼, 프리저브드 플라워

1

글루건으로 오아시스를 상자에 고정해요.

2

오아시스를 가릴 만큼 본드로 이끼를 붙여 모양을 다듬어요.

3

아랫단에는 앞뒷면의 보이는 곳에 꽃을 붙여요.

4

2단에는 프리저브드 플라워를 수북이 담아 본드로 고정해요.

쁘티치카 작가의
슈가캔디 & 당근

코제트 시리즈-슈가캔디(쇼콜라·바닐라)

말랑빵떡 시리즈-당근

이런한 표정의 코제트 시리즈(슈가캔디)와 통통하면서 귀여운 얼굴의 말랑빵떡(당근이)은 쁘티치카 작가의 인기 시리즈입니다.

의상 하나, 소품 하나, 정성스럽게 만들어 인형의 특징을 잘 표현했어요. 인형을 사랑하는 쁘티치카 작가의 마음이 고스란히 느껴져 많은 이들에게 더더욱 사랑을 받고 있답니다.

쁘티치카 작가의 인형에 관심이 있다면 블로그에 방문해 보세요.

- 블로그 blog.naver.com/petitechica2
- 연락처 petitechica2@naver.com

Column 08

이브리 작가의
쿠쿠 & 클라라

이브리 작가는 시대적 배경을 설정하고 그에 맞는 인형을 만들기로 특히 유명해요. 작은 소품 하나하나에 디테일을 살린 쿠쿠 & 클라라 시리즈는 한국뿐만 아니라 미국, 중국 등의 인형 마니아에게도 사랑받고 있답니다.

코지 리틀 클라라와 클라라 시크릿

메이크업 포에버(Make up forever)를 비롯한 유명 브랜드와 꾸준한 콜라보레이션을 진행하며 그녀만의 독창적인 한정판 인형 시리즈를 출시하고 있어요.

코지 리틀 클라라 시리즈는 빅토리아 시대를 구현하여 고혹적인 느낌이에요. 앤티크한 느낌의 잠옷부터 자연스러운 헤어스타일까지 해를 더할수록 완성도가 높아져 출시 때마다 매진 사례를 이끌었답니다.

이브리 작가의 쿠쿠 & 클라라가 궁금하다면 홈페이지와 인스타그램에 방문해 보세요.

- 홈페이지 kukuclara.com
- 인스타그램 instagram.com/kukuclara

책 속 부록

까또나주 재료 어디서 살까?
온라인에서 공예품 판매하기
전체 수록 작품 사이즈·난이도

까또나주 재료 어디서 살까?

1. 사부작 스튜디오

Sabujak.kr
판지, 금속 재료 등 까또나주의 기본 도구 판매는 물론 돌 까또나주 초급, 중급, 고급, 전문가 정규 과정 클래스를 운영하고 있어요. 재단된 판지와 원단까지 포함한 DIY 패키지를 판매해 초보자도 쉽게 만들 수 있어요.

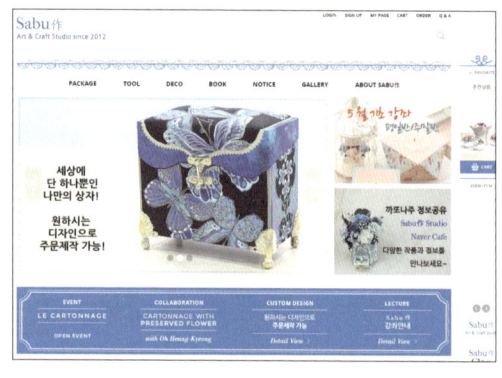

2. 두성 종이

www.doosungpaper.co.kr
종이를 전문적으로 생산하는 기업이에요. 마치 세상의 모든 종이를 모아 둔 곳 같습니다. 두께별 판지부터 다양한 무늬의 종이와 가죽 느낌의 종이 등 이색적인 재질의 종이를 구할 수 있어요. 돌 까또나주는 사이즈가 작아서 내지를 원단으로 하는 것보다 종이로 만드는 것이 쉽답니다.

3. 동대문종합시장

www.ddm-mall.com
동대문종합시장은 다양한 부자재와 원단을 저렴하게 판매해요. 2층에서는 원단과 레이스, 5층에서는 부자재와 리본을 구할 수 있어 공예를 하는 사람에게는 보물섬과 같은 곳이에요.

4. 한가람 문구

www.hangaram.kr
미술용품 전문으로 다양한 공예용 부자재를 소량으로 구매할 수 있는 곳이에요. 몇 곳에 지점이 있는데, 특히 고속버스 터미널 매장은 규모가 커 다양한 재료를 만날 수 있어요.

5. 알파

www.alpha.co.kr
기본적인 도구와 판지, 목재 등 부자재를 구입할 수 있어요.

온라인에서 공예품 판매하기

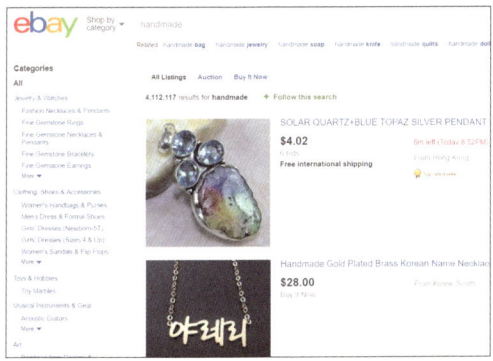

1. ebay

www.ebay.com

이베이는 고정 가격 방식과 경매 방식으로 전 세계에 물건을 판매할 수 있는 플랫폼이에요. 영어 기반이라 영어를 못하는 사람은 어려움이 있겠지만, 국내에서도 정기적으로 이베이 셀러(ebay Seller) 교육을(강남역에서) 진행해요. 처음 온라인 플랫폼으로 물건을 팔고자 한다면 가장 좋은 사이트죠. 교육 과정에서 이베이 회원 가입에서부터 상품 등록, 판매 전략까지 단계적으로 배울 수 있어요. 오프라인 교육에 참여하기 어려운 사람을 위한 온라인 지원 사이트(www.ebaycbt.co.kr)도 있답니다.

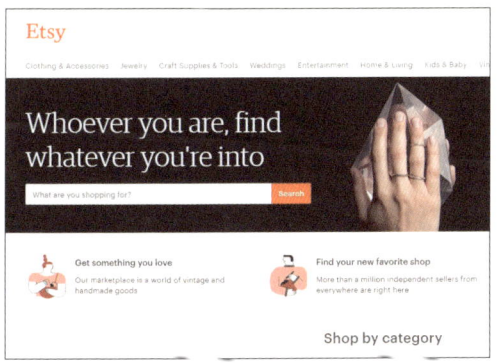

2. Etsy

www.etsy.com

최근 공예인들 사이에서 가장 핫한 사이트가 바로 엣시(Etsy)예요. 엣시는 이베이, 아마존과 같은 온라인 판매 플랫폼이지만 취급 제품을 수공예품과 빈티지 제품으로 한정하고 있어요. 액세서리, 주얼리, 공예 재료, 홈 & 리빙, 빈티지 등의 카테고리로 구성되어 있어요. 판매 발생 시 약 3.5%의 거래 수수료와 결제 수수료 등이 있지만 판매 전에 발생하는 것은 제품 등록 수수료뿐이라 누구나 쉽게 온라인 상에 자신만의 숍을 만들 수 있어요.

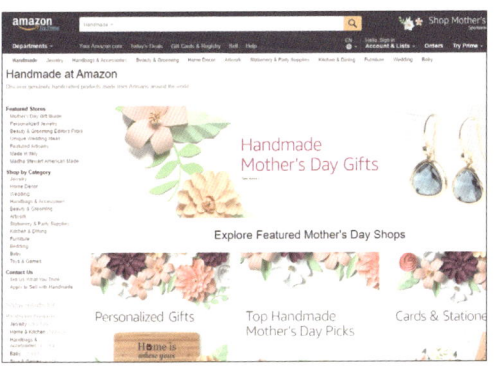

3. amazon Handmade

www.amazon.com/handmade

전 세계에서 가장 유명한 온라인 판매 플랫폼이죠. 판매자는 프로패셔널(Professional)과 개인(Individual)으로 나뉘는데 등록할 제품이 많다면 프로패셔널이, 적다면 개인으로 선택해 가입하는 것이 좋아요. 개인은 월 수수료가 없어요. 제품 판매 시 0.99 달러와 결제 수수료 등 추가 비용을 지불하면 되므로 판매 전에는 큰 부담이 없답니다. 프로패셔널은 매월 회비를 지불하고 40개까지 추가 비용 없이 상품을 등록할 수 있어요.

4. 인스타그램

www.instagram.com

이베이나 아마존 등은 물건을 살 사람이 목적을 가지고 들어오는 사이트라면, 인스타그램은 생활의 소소한 이야기를 전하는 과정에서 자연스럽게 구매욕을 자극할 수 있다는 장점이 있는 SNS예요. 구매의사가 없던 사람의 소비 욕구까지 자극할 수 있어 최근 주목받고 있답니다.

5. 카페 24

www.cafe24.com

아마존이나 이베이는 물건을 중심으로 판매하다 보니 나만의 숍이라는 느낌이 적죠. 그렇다면 쇼핑몰 솔루션에서 제공하는 무료 숍을 이용하는 것도 좋아요. 최근에는 해외 판매를 지원하기 위해 영어, 중국어 번역은 물론 마케팅 등 다양한 부가서비스까지 지원하는 솔루션이 많답니다.

6. 네이버 스토어팜

sell.storefarm.naver.com

이베이나 엣시 등은 영어 기반이라 영어가 자유롭지 못한 사람이라면 망설여질 수 있죠. 네이버 스토어팜과 같은 국내 온라인 플랫폼은 한국어 콜센터를 이용할 수 있어 온라인 쇼핑몰이 익숙하지 않은 사용자도 쉽게 도전해 볼 수 있어요. 스토어팜 입점 중소기업을 지원하는 다양한 정부 지원 프로그램이 있으니 이를 활용하는 것도 좋아요.

판매를 위한 준비 작업

1. 사업자 등록

대한민국 국민이라면 판매를 통한 소득이 발생할 경우 사업자 등록을 해야 해요. 국세청 사이트(www.hometax.go.kr)에서 온라인으로 신청하거나 가까운 지방 세무서를 방문하여 신청할 수 있어요. 사업자 등록 시에는 사업장이 있어야 하는데, 집 주소로도 가능하답니다.

2. 통신판매업 신고

온라인으로 물건을 판매할 때는 사업자 등록 외에도 통신판매업 신고가 필요해요. 민원24(www.minwon.go.kr)에서 온라인으로 신청하거나 가까운 시·군·구청에서 신청할 수 있어요. 이렇게 신청은 온·오프라인이 모두 가능하지만 증서는 시·군·구청에서 직접 수령해야 해요.

3. 상품 정보 준비하기

❶ 온라인은 검색을 통해 상품이 판매되므로 잘 판매될 수 있는 상품 정보를 끊임없이 연구해야 해요. 처음 시작하는 사람이라면 유사한 상품을 등록해 놓은 사람의 상품 정보를 참고하는 것도 방법이에요.

❷ 상품 정보는 맞춤법이나 스펠링이 틀리지 않아야 제품에 대한 신뢰도를 높일 수 있고, 제목이나 키워드를 신중하게 선택해야 해요. 영어 기반 사이트라도 영어권 국가 고객만을 대상으로 하는 것이 아니므로 설명은 간결하고 전문적인 것이 좋아요. 상품 스펙은 최대한 상세하게 기재해요.

❸ 사진은 상품을 포커스로 찍고 가급적 흰 배경에서 촬영하는 것이 좋아요. 자칫 소품까지 포함된 상품으로 오해할 수 있으니 가급적 소품 사용을 자제하는 것이 좋아요.

❹ 다른 사람의 디자인으로 만든 제품이나 사진을 이용하여 상품 정보를 작성하지 않는 것은 기본 중의 기본이에요.

❺ 가격은 재료비, 배송비, 각종 수수료, 기타 비용 등을 모두 고려하여 책정해야 해요. 해외 배송 비용은 우체국 사이트(www.koreapost.go.kr)에서 확인할 수 있으니 참고하세요.

4. 기타 준비 사항

처음부터 해외 판매에 도전하기보다는 국내 사이트에서 판매를 시작해 노하우를 축적한 뒤 해외 판매에 도전하는 것이 좋아요. 해외 판매를 하더라도 가까운 일본이나 가장 많은 고객이 있는 미국 시장부터 도전해 보는 것이 좋아요. 또한 판매하는 상품이 어느 나라에서 가장 잘 팔릴 수 있는지, 판매하고자 하는 국가의 문화, 경제, 고객 취향을 끊임없이 분석하고 작품에 반영해야 해요.

한 가지 주의할 점은 온라인 플랫폼마다 엄격한 판매 규정이 있다는 것이에요. 규정을 위반하면 판매 중지 등 제재를 받을 수 있으니 실수하지 않도록 해요. 온라인 플랫폼은 판매하기가 쉽지만 그만큼 많은 사람이 상품을 판매하고 있답니다. 상품을 등록한다고 판매되는 것이 아니라 꾸준히 마케팅을 고민하고 전 세계 고객을 대상으로 판매할 수 있는 나만의 독창적인 디자인을 개발해야 해요. 단기적인 판매보다는 장기적인 판매를 위해 자신만의 브랜드를 구축하는 것이 좋아요. 이를 위해서는 꾸준히 고객의 신뢰를 쌓는 것이 중요해요. 고객의 신뢰를 쌓는 가장 좋은 방법은 까다로운 해외 배송 절차를 고객 관점의 정책으로 정하는 거예요. 공산품은 판매 가격이 일정하지만 창작 공예품은 가격 비교가 쉽지 않아 가격 책정에 자유로워요. 고객은 온라인 구매 시 무료 배송을 선호하므로 별도의 배송비를 책정하는 것보다 상품 가격에 배송비를 포함하는 것도 방법이에요.

전체 수록 작품 사이즈 · 난이도

작품명	난이도	가로	세로	높이
사각 상자	초급	170	130	68
원형 상자	초급	82	82	30
다각 상자	초급	125	105	45
인형의 집	고급	315	205	430
침대	초급	155	85	85
책장	초급	128	37	86
피크닉 가방	고급	55	40	40
마카롱 상자	중급	33	33	16
3단 마카롱 케이크	중급	36	36	26
보물 상자	중급	60	46	45
강아지 집	초급	40	40	45
핸드 캐리어	초급	180	82	230
룸 박스	중급	500	350	350
화장대	고급	130	55	185
스툴	초급	42	42	70

작품명	난이도	가로	세로	높이
액세서리 수납장	고급	140	80	110
수납 스툴	초급	70	40	60
옷장	중급	300	80	240
원형 핸드백	중급	40	20	35
카노티에 모자	초급	50	50	13
모자 케이스	초급	60	60	35
슈즈 박스	초급	45	35	25
슈즈 컬렉션	중급	49	37	149
아리의 꽃집	고급	600	320	353
장식장	고급	96	53	213
도어형 장식장	고급	66	53	222
리본걸이	중급	45	20	60
테이블	초급	160	130	110
3단 화단	중급	110	92	90